AF522812

SPEED READING

BLITZSCHNELL ZUM LESEPROFI

Wie Sie Ihre Lesegeschwindigkeit stark beschleunigen, Ihre Konzentration und Produktivität enorm steigern und sich maximal Wissen in Rekordzeit aneignen

INHALT

1. Grundlagen zum Thema Lesen

Wir alle bekommen das Lesen im Kindesalter beigebracht. Noch bevor wir sprechen können, lesen unsere Eltern uns aus Büchern vor, um uns zu beruhigen, damit wir einschlafen oder schlicht und ergreifend Unterhaltung haben. Gerade in den Abendstunden sind Hörbücher mittlerweile ein anerkannter Trend und eine brauchbare Alternative zum Fernseher geworden.

Generell beschreibt der Begriff des Lesens alles, was mit dem Umsetzen von Schriftzeichen in Lautsprache zu tun hat. Es wird sowohl für das klassische Lesen eines Buches oder Zeitungsartikels als auch für das Interpretieren einer Landkarte oder Zeichnung genutzt. In der Informatik wird es gleichzeitig für das Auswerten von Daten, beispielsweise beim Lesen einer CD, genutzt. Umgangssprachlich lesen wir auch nonverbale Signale, wie etwa Mimik und Gestik. Im Grunde genommen steht es also als Sammelbegriff für jede Auswertung von Informationen – wo diese stattfindet, ist immer davon abhängig, welche Art von Infos gerade benötigt wird und wo sich die betroffene Person befindet.

Da lesen als Teil der Kommunikation gilt, ist es neben schreiben und rechnen eine der wichtigsten Kulturfertigkeiten. Jeder Mensch liest – und sei es nur, um einen Straßennamen oder die aktuellen Preise an der Tankstelle zu erkennen.

Um effektiv lesen zu können, ist jedoch nicht nur das Verständnis von Wörtern und Buchstaben, sondern auch die kognitive Verarbeitung relevant. Das bedeutet, dass ohne das Verständnis des zu lesenden Textes keine Verarbeitung im Hirn stattfinden kann – ich könnte Ihnen diesen Text beispielsweise auch auf Englisch niederschreiben. Wenn Sie die Sprache allerdings nicht verstehen, erkennen Sie zwar die Buchstaben, können jedoch nicht verstehen, worum es sich handelt und dementsprechend keine Informationen daraus erhalten. Diese kognitive Verarbeitung wird mithilfe der Augen umgesetzt – das, was wir sehen, wird als Information in unser Gehirn übertragen und dort ausgewertet, entschlüsselt und verarbeitet. Falls Sie sich noch erinnern, als Sie als Kind lesen gelernt haben, haben Sie vermutlich Wort für Wort oder sogar Buchstabe für Buchstabe verinnerlicht. Irgendwann kehrt eine gewisse Routine ein, sodass Sie schlussendlich in der Lage sind, ganze Wortgruppen oder Abschnitte auf einmal zu erfassen und sinnvoll umzusetzen. Sie lesen nicht mehr jedes einzelne Wort, sondern führen sogenannte Arkaden, also Lesesprünge durch – dabei fixieren Ihre Augen einen gewissen Punkt, bis die Daten verarbeitet wurden und wandern anschließend zum nächsten.

Diese Aktivität geschieht unbewusst, Sie müssen sich dafür nicht konzentrieren – an dieser Stelle haben Analphabeten übrigens ihre Schwierigkeiten, da sie nicht fähig sind, den Buchstaben und Wörtern einen sinnvollen Zusammenhang zu verleihen. Wie oft und schnell Sie die Arkaden wechseln, hängt unter anderem von der Schwierigkeit des Textes, Ihres allgemeinen Interesses an dem Thema und Ihrer Lesekompetenz ab. Wenn Sie lesen, lesen Sie jedoch selten wirklich Zeile für Zeile – Ihr Auge wandert nicht gleichmäßig über den Text, sondern ist bereits so geübt in seiner Aufgabe, dass es gezielt nach diesen Arkaden sucht, um kurz innezuhalten, die jeweilige Stelle zu fixieren und sie aufzunehmen, bevor es sich den nächsten Punkt sucht. Haben Sie sich in einer Stelle verhaspelt, können Sie dadurch den kompletten Zusammenhang des Textes verlieren. Gleichzeitig können äußere Einflüsse wie Lautstärke oder Müdigkeit Ihre Auffassungsgabe und damit Ihre Lesegeschwindigkeit beeinflussen.

In diesen Fällen ist eine sogenannte Regression, also das zurückspringen auf einen vorherigen Lesesprung, notwendig, um gedanklich zum Thema zurückkehren zu können. Geübte Leser sind ohne Weiteres in der Lage pro Minute bis zu 250 Wörter zu lesen – erweitern sie Ihre

Kenntnisse durch das Speed Reading, können es bis zu eintausend Wörter werden. In beiden Fällen wird niemals jedes Wort einzeln gelesen, sondern anhand von Schlüsselwörtern der Zusammenhang ermittelt und sinngemäß an das Gehirn weiter geleitet. Komplizierte Wörter sind davon ausgeschlossen – für diese nehmen wir uns Zeit und betrachten sie einzeln, um Ihren Zusammenhang innerhalb des Textes nachvollziehen zu können. Das passiert vor allem bei Fremdwörtern. Sie werden vermutlich für das Lesen des ersten Abschnittes eine oder zwei Minuten gebraucht haben – abgesehen davon gibt es aber auch die sogenannten Galgenmännchenwörter.

Hierbei handelt es sich um lange oder schwer zu lesende Begriffe, wie Telekommunikationsüberwachungsverordnung. Lesen Sie aufmerksam – sind Sie vielleicht auch bisher über den Text geflogen und mussten bei diesem Wort kurz pausieren und es langsamer verinnerlichen? Falls ja – das ist nicht schlimm, ich musste sogar beim Schreiben drei Mal nachsehen, dass ich keinen Fehler hineingebaut habe. Diverse Wissenschaftler haben im Laufe der Jahre eine Mindestgeschwindigkeit von 150 Wörtern pro Minute festgelegt. Dabei handelt es sich in etwa um die Geschwindigkeit, in der Sie sprechen und im besten Fall auch denken. Lesen Sie langsamer oder haben beim Lesen Schwierigkeiten wenigstens diese Geschwindigkeit beizubehalten, können Sie die Gedanken des Autors nicht so schnell nachvollziehen, wie Ihre eigenen.

Egal wie Sie lesen – die zugrunde liegende Technik ist immer die gleiche. Ihr Auge wandert niemals linear über einen Text, sondern springt von einem Punkt zum nächsten. Dieses Phänomen nennt sich Fixation. Es sucht sich sozusagen Ankerpunkte, und nimmt automatisch die nächsten ein oder zwei Wörter drum herum auf. Eine Fixation dauert im Schnitt etwa 200 Millisekunden, sodass Ihnen das beim Lesen nicht weiter auffällt. Allerdings ist es Ihrem Hirn nur dann möglich Informationen aufzunehmen und sie zu speichern. Die Phase, in denen Ihr Auge von einer Fixation zur nächsten springt nennt man Sakkade. In dieser

Zeit gibt es keinen Informationsfluss, sondern es wird versucht, die nächste Quelle an Daten zu finden. Im Durchschnitt benötigen Sie hierfür etwa 30 Millisekunden. Bei geübteren Lesern werden bei einer Sakkade etwa sieben bis neun Wörter übersprungen, da Ihr Auge sie bereits bei der vorherigen Fixation wahrgenommen hat.

1.1 ARTEN DES TEXTLESENS

Damit Sie einen Text beim Lesen verstehen können, bieten sich Ihnen grundlegend verschiedene Möglichkeiten. Bei jeder dieser Varianten ist es jedoch unerlässlich, dass eine Kompetenz der Sprache selbst vorliegt – das bedeutet, dass Sie die Sprache beherrschen, in der Sie gern lesen möchten. Fremdspracheninstitute haben für ihre Kurse unterschiedliche Niveaus festgelegt, die von A1 also Anfängerniveau, bei dem Sie sich begrüßen und im besten Fall nach dem Weg fragen können, bis hin zu C2, die ausschließlich für Muttersprachler gedacht sind, reicht. Fehlt Ihnen diese Kompetenz oder ist sie nicht ausreichend, nützt Ihnen keine Lesetechnik.

Es verhält sich dann ähnlich wie mit einer defekten Festplatte – die Daten sind zwar vorhanden, können jedoch nicht ausgewertet werden. Sind Ihnen die Wörter innerhalb der Sprache hingegen bekannt, verknüpft Ihr Gehirn sie mit Bildern und setzt Sie in einen semantischen Zusammenhang – eine Fähigkeit, die Ihre Lesegeschwindigkeit auch ohne Kenntnisse des Speed Reading enorm steigert. Lesen Sie beispielsweise ein Buch, das Sie bereits kennen, werden Sie deutlich schneller fertig sein, als bei der Erstlektüre.

1.1.1 Buchstabieren

Mit Hilfe von Buchstabieren lernen wir das Lesen. In der Grundschule wird jedem Kind zuerst das Alphabet beigebracht – sie müssen jeden Buchstaben einzeln laut vorlesen und sobald sie diese verinnerlicht haben, werden daraus Wörter gebildet, die dann ebenfalls wieder vorgelesen werden. Wenn Sie eine Fremdsprache erlernen, beginnen Sie auch bei den Buchstaben, um zu wissen, wie sie ausgesprochen werden oder gegebenenfalls aussehen. Dieser Vorgang wird auch Lautieren genannt. Das laute Aussprechen hilft Leseanfängern dabei, die Begriffe und Zusammenhänge zwischen den einzelnen Buchstaben zu verinnerlichen und zu verarbeiten. Diese Technik eignet sich jedoch nicht dauerhaft, da sie sehr langwierig ist und es in jeder Sprache Wörter gibt, die man nicht so spricht, wie man sie schreibt – beispielsweise wenn Umlaute genutzt werden oder wie beim Wort Rhododendron, stumme Buchstaben. Lesen Sie einen Text ausschließlich über Buchstabieren, werden Sie mindestens fünfmal länger benötigen, als wenn Sie die Wörter als Ganzes verinnerlichen. Das ist auch logisch, es dauert natürlich länger wenn das Auge jeden einzelnen Buchstaben aufnehmen und einzeln verarbeiten muss, um anschließend einen Zusammenhang zu ermitteln. Egal wie schnell Sie dabei sind – mehr als dreißig Wörter in der Minute können Sie nicht schaffen.

1.1.2 Wörter erkennen

Sind die Buchstaben sowie deren Zusammenhang verinnerlicht, fällt es uns zunehmend leichter Wörter als Ganzes wahrzunehmen. Vor allem bei bekannten Begriffen müssen wir nun nicht mehr jeden einzelnen Buchstaben betrachten, sondern kennen den Sinn dahinter und wissen, welches Wort daraus gebildet wird. Füllwörter oder solche, die nur aus wenigen Buchstaben bestehen wie "und" oder "ist" werden meist überhaupt nicht mehr betrachtet, da deren Verwendung innerhalb des Satzes logisch und notwendig ist – Sprachwissenschaftler und Experten der Psycholinguistik, also der Wissenschaft, die sich mit den psychischen Vorgängen beim Erlernen einer Sprache sowie deren Gebrauch beschäftigt, haben festgestellt, dass man diese Wörter auch entfallen lassen oder Buchstaben innerhalb eines Wortes vertauschen kann, sofern Anfangs-

und Endbuchstabe an der richtigen Stelle sind – wir würden es entweder gar nicht bemerken und falls doch, dennoch einen Sinn ermitteln können. Die Voraussetzung ist natürlich, dass es sich um einen bekannten Begriff handelt. Ich hätte also anstelle des Wortes "Buchstaben" auch "Buhctsaebn" schreiben können – aller Wahrscheinlichkeit nach hätten Sie es dennoch erkannt.

1.1.3 Verständnis auf Satzebene

Ihnen ist sicher bekannt, dass unser Gehirn über ein Kurz- sowie ein Langzeitgedächtnis verfügt? Im Langzeitgedächtnis werden alle Kenntnisse und Fertigkeiten abgespeichert, die wir für den Alltag benötigen, die jedoch nicht angeboren sind, sondern erlernt werden müssen – also beispielsweise das Lesen. Das Kurzzeitgedächtnis dient als eine Art Zwischenspeicher – es nimmt deutlich mehr Informationen auf und entscheidet, ob diese längerfristig benötigt werden. Die Speicherkapazität beträgt hier lediglich zwei Sekunden, bedingt durch die Tatsache, dass ein Mensch mehrere Tausend verschiedene Eindrücke auf einmal erhält. Jetzt gerade habe ich beispielsweise meinen Computer vor mir und schreibe, nehme gleichzeitig meine neben mir schlafende Katze wahr, das Bohren der Handwerker im Haus nebenan, das Zwitschern der Vögel vor meinem Fenster, den Geruch meines Kaffees – diese Liste ist nahezu unbegrenzt erweiterbar und die meisten Dinge werden unbewusst aufgenommen, da alles andere ungesund wäre und wir uns auf nichts mehr konzentrieren könnten. Menschen denen diese Eigenschaft fehlt nennt man Autisten.

Um Texte auf Satzebene zu verstehen, darf die Dauer des Erfassens nicht über der Speicherkapazität des Kurzzeitgedächtnisses liegen. Das bedeutet im Umkehrschluss, dass Sie bei einem langen und verschachtelten Satz unter Anwendung dieser Lesetechnik den Anfang des Satzes bereits vergessen haben, bevor Sie am Ende angekommen sind. Hilfreich ist es, wenn die zu lesenden Wörter alle bekannt sind. Besteht ein Satz also beispielsweise aus zehn Wörtern, muss Ihre Lesegeschwindigkeit bei fünf Wörtern pro Sekunde liegen – dementsprechend bei 300 Wörtern in der Minute. Befindet Sie sich darunter, müssen Sie den Satz noch einmal von vorn beginnen. Diese Technik eignet sich gut für das Erfassen von Stichpunkten, da es sich hier meist um kurze Begriffe handelt.

1.1.4 Verständnis auf thematischer Ebene

Diese Technik wende ich persönlich am Liebsten an. Hierbei geht es nicht darum, jedes einzelne Wort zu verinnerlichen und zu begreifen, sondern nachvollziehen zu können, was das genaue Thema eines Textes ist. Ich habe mir diese Technik in der Schule angeeignet, als es darum ging, anhand eines Artikels eine Zusammenfassung zu erstellen. Anstatt jeden Satz und jedes Wort einzeln zu prüfen, überfliegen Sie den Text sozusagen, um den Gegenstand zu ermitteln.

Anschließend oder gleichzeitig suchen Sie nach Schlüsselwörtern, also denjenigen die mit dem Thema im Zusammenhang stehen, um so weitere wichtige Informationen oder Argumente zu finden. Bei dieser Lesetechnik ist ausschließlich das große Ganze relevant – wie ich Ihnen bereits sagte, besteht Lesen nicht nur aus dem Erkennen der Wörter und Buchstaben, sondern gleichzeitig aus der Verarbeitung in verwertbare Informationen. Lesen Sie beispielsweise einen Roman, eignet sich diese Lesetechnik nicht besonders, da Ihnen wichtige Informationen der Handlung verloren gehen würden.

Für die Zusammenfassung sowie Interpretation eines Sachtextes beziehungsweise einer Hörverständnisaufgabe ist sie jedoch sehr wirkungsvoll, da Sie sich ausschließlich auf die besagten Schlüsselwörter konzentrieren müssen. Im Laufe der Jahre haben Studien belegt, dass Ihnen das sogenannte "Überfliegen" eines Textes sogar einen kleinen Vorteil verschafft, wenn es nur darum geht, sich ein Bild über das Thema zu machen. Sie konzentrieren sich nicht auf jedes Detail, sondern nur auf das Allgemeine, wodurch Ihnen das Lesen automatisch leichter fällt.

Leider sind nicht alle Menschen mühelos in der Lage, diese Technik anzuwenden – unter Umständen erfordert es langjährige Übung, um sich nicht in Kleinigkeiten zu verlieren. Bei Hörverständnisaufgaben ist diese Technik sogar notwendig, da Sie nicht in der Lage sind die Worte zu sehen, sondern sich ausschließlich auf Ihr auditives Gedächtnis verlassen können.

2. Physiologie der Augen und Funktionsweise des Gehirns

Wenn Sie im Speed Reading erfolgreich werden möchten, müssen Sie jedoch nicht nur den Text verstehen, sondern auch eine gewisse Kenntnis über Ihre zu Grunde liegenden Fähigkeiten und die Möglichkeiten haben, die Ihr Körper Ihnen bietet. Wie ich Ihnen gerade erklärt habe bewegt sich Ihr Auge nicht linear über die Zeilen, sondern arbeitet mit Fixationen und Sakkaden. Bevor Sie Ihr Lesen trainieren, können Sie natürlich einen kleinen Selbsttest durchführen, indem Sie mit der Stoppuhr messen, wie viele Wörter Sie pro Minute schaffen – ein Mal bei einem bekannten Text, bei einem Fachartikel und bei einem beruflichen Dokument. Der Mittelwert daraus bestimmt etwa Ihre aktuelle Lesegeschwindigkeit.

In der Schule haben Sie in Biologie und Physik sicherlich Grundlagen zur Funktionsweise vom menschlichen Auge und optischen Linsen erlangt – ich weiß, das ist lange her und sicher tief in Ihrem Gehirn vergraben. Wichtig für Sie ist, dass das optische Sehen nach außen hin unschärfer wird. Das gilt nicht nur für das Lesen, sondern für alle Bereiche. Ihr Auge arbeitet sozusagen als eine Art Makro-Objektiv, das einen bestimmten Punkt scharf wahrnimmt und den Rest drum herum unschärfer werden lässt. Wie weit Ihre Blickspanne reicht, können Sie ebenfalls in einer Art Selbsttest ermitteln.

Das ist sogar notwendig, denn auf dieser Grundlage können Sie Ihre Speed Reading Fertigkeiten festlegen. Die Blickspanne ist nicht bei jedem Menschen gleich, allein Frauen und Männer haben ein unterschiedliches räumliches Sehen und Wahrnehmungsbild. Um herauszufinden, wie Sie bei Ihnen ist, fixieren Sie ein Wort zwischen Ihren Zeigefingern. Nun gehen Sie immer weiter mit beiden Fingern auseinander, konzentrieren Ihren Blick jedoch weiterhin auf das erste Wort. Sie werden merken, dass die Buchstaben ab einem gewissen Zeitpunkt am Rand beginnen unscharf zu werden. Damit wissen Sie, wie viele Wörter Sie auf einmal fixieren können. Diese Spanne bezeichnet man auch als Wortidentifikationsspanne. Bei den meisten Menschen verhält es sich so, dass Wörter nur innerhalb dieser Spanne erkannt werden können. Meist liegt sie bei sieben bis acht Buchstaben in Leserichtung abseits des fixierten Wortes.

Abseits dieses Bereiches liegt der sogenannte Wahrnehmungsbereich – Sie realisieren also die Wörter und Buchstaben und können Sie, sofern Sie bekannt sind, auch in einen sinnvollen Zusammenhang setzen. Das ist allerdings davon abhängig, ob Ihnen die Wörter und der Kontext vertraut sind – andernfalls kann eine falsche Wahrnehmung auch dafür sorgen, dass der gesamte Sinn verzerrt wird, da Sie augenscheinlich ein falsches oder sinnloses Wort gelesen haben. Dieser Bereich reicht etwa vier bis fünf Buchstaben nach links und etwa 15 Buchstaben nach rechts, vom Fixationspunkt aus gesehen. Der Wahrnehmungsbereich wird durch das periphere Sehen ermittelt.

Mit verschiedenen Übungen zur Aufmerksamkeit und Wahrnehmung und durch permanentes Training können Sie beide Spannen erweitern. Dennoch können unsere Augen bei allen Übungen nur dann Informationen aufnehmen, wenn Sie kurz innehalten und sich auf ein Wort oder eine Wortgruppe konzentrieren, also die sogenannten Fixationspunkte ermitteln. Das geschieht innerhalb von Millisekunden, sodass es Ihnen beim Lesen nicht weiter auffällt. Sie können das mit der Funktionsweise einer Tabulatortaste vergleichen und gleichzeitig überprüfen – diese folgt nicht Wort für Wort, sondern überspringt immer einen gewissen Bereich und stoppt dann wieder. Wenn Sie das einmal mit einem Text auf einem Computer machen werden Sie schnell bemerken, dass Ihre Augen dem Tabulator folgen und Sie dennoch den gesamten Text verstehen können ohne jedes einzelne Wort bewusst zu lesen.

Ihre Augen nehmen also das auf, was Ihr Gehirn später speichern und als Information entschlüsseln und bewerten soll. Für Sie ist das ein vollkommen natürlicher Vorgang – was nicht gelogen ist. Die Zusammenarbeit zwischen diesen beiden Bereichen funktioniert zumindest bei gesunden Menschen automatisch und ohne dass Sie dafür eine neue Fähigkeit erlernen müssen.

Grundlegend ist Ihr Gehirn in zwei Hälften aufgeteilt – die linke Hirnhälfte dient uns während unseres Erwachsenenlebens im Alltag und trifft logische und rationale Entscheidungen. Vereinfacht gesagt sitzt hier also der Verstand. Als Kinder nutzen Sie jedoch vorwiegend die rechte Gehirnhälfte, die Erinnerungen mit Bildern verknüpft. Gleichzeitig besteht Ihr Gehirn aus einem Kurzzeit- und einem Langzeitgedächtnis. Wenn Sie unter dem Aspekt lesen, dass Sie neue Informationen benötigen, hat Ihr Kurzzeitgedächtnis eine durchschnittliche Dauer von zwanzig Minuten, um diese neuen Daten zu speichern, sie sozusagen in das Langzeitgedächtnis zu übertragen. Es verhält sich wie mit dem Prinzip von Zwischenspeicher zu Festplatte. Ich kann Ihnen hier hundert Seiten Text füllen – speichere ich diese jedoch nicht und der Akku meines Laptops ist zwischendurch leer, wird keines der Wörter final gespeichert und auf meinen Computer übertragen.

Deshalb wurde für jede Lesetechnik der Kerngedanke entwickelt, dass es hilfreicher ist, einen Text mehrfach zu lesen. Die Wiederholung sorgt für eine Abspeicherung. Um Informationen zu speichern, ist es meist nötig, sie zu paraphrasieren – also sie von Fachbegriffen in Umgangssprache zu übersetzen, sodass Ihr Gehirn Sie auch versteht. Deshalb wird vor allem in Schulen und Universitäten gern mit Übersichten in Form von Präsentationen oder Mind Maps gearbeitet, an denen so viele Personen wie möglich mitwirken können. Auf diese Art und Weise werden die visuellen Verarbeitungssysteme angeregt, die zum Speichern um Längen besser geeignet sind als beispielsweise Audiodateien. Sie werden sich immer besser an Dinge erinnern können, die Sie gesehen statt gehört haben. Grundlegend muss Ihnen jedoch klar sein, dass Speed Reading ausschließlich mit dem Kurzzeitgedächtnis arbeitet, jedenfalls solange Sie sich im reinen Lesevorgang befinden.

Ohne Wiederholung und Reflexion werden Sie keinerlei Informationen ins Langzeitgedächtnis übertragen können. Einfach erklärt funktioniert ein Lesevorgang im Gehirn in drei aufeinander folgenden Schritten: Während der Fixation erfasst Ihr Auge ein Wort oder eine Wortgruppe und formt daraus im Gehirn etwas, dass sich Schriftbild nennt. Ihr Gehirn versucht also, das Gelesene mit einem Bild oder einer Erinnerung zu verknüpfen, um verstehen zu können, welche Art von Informationen es gerade erhalten hat. Dieser Prozess geschieht unbewusst – Sie können ihn auch nicht weitläufig modifizieren oder beeinflussen, da er für den Verständnisprozess unabdingbar ist.

Bei den meisten Lesern wird dieses Schriftbild vertont, es erfolgt also die sogenannte Subvokalisation. Kommt Ihrem Gehirn der Ton bekannt vor, haben Sie das Wort verstanden. Andernfalls müssen Sie recherchieren oder den Kontext lesen, um daraus einen sinnvollen Zusammenhang ermitteln zu können. Wenn es jedoch bekannt ist, aktiviert Ihr Gehirn nun alle verfügbaren Zellen und sammelt aus dem Bewusstsein sämtliche Informationen und Erinnerungen, die mit dem gelesenen Wort in Verbindung stehen. Neben rein faktischem Wissen werden auch häufig Gefühle und Erfahrungen damit verbunden. Aufgrund dessen können Sie sich auch Texte, die Sie emotional ansprechen, deutlich leichter merken, als trockene Fachliteratur.

Ihr Gehirn arbeitet mit Emotionen deutlich zuverlässiger als mit Zahlen, Daten und Fakten – und das in jedem Lebensbereich. Selbst beim wöchentlichen Einkauf werden wir mittels unserer Emotionen zum Erwerb zusätzlicher Artikel überredet. Selbstverständlich kaufen Sie auch Dinge, die Sie brauchen, wie Milch oder Brot. Aber Sie kennen es sicherlich genauso gut, dass Sie an einem Regal mit Süßigkeiten oder Chips vorbei gehen und sich schon fast unauffällig etwas davon in den Wagen legen, einfach weil Sie gerade Appetit darauf haben. Bei Appetit haben Sie Lust auf eine bestimmte Sache, werden also von Ihren Emotionen geleitet. Nur wegen dieser Verhaltensweise der Menschen gibt es sowohl erfolgreiche Krimiautoren als auch Schreiber von Liebesromanen.

3. Was bedeutet Speed Reading?

Hin und wieder ist es notwendig, einen Text nicht nur zu überfliegen, sondern seinen gesamten Inhalt nachvollziehen zu können. Gerade im Berufsleben haben wir aber nicht immer die Zeit uns stundenlang mit E-Mails oder neuen Arbeitsanweisungen zu beschäftigen – in diesen Momenten können Sie Speed Reading, oder zu deutsch auch Schnell- oder Geschwindigkeitslesen verwenden.

Grundlegend ist unser Gehirn in der Lage, Informationen mit bis zu 126 Bits pro Sekunde zu verarbeiten. Wären wir Computer, wäre das ein Hochleistungsrechner wie ihn beispielsweise Spieler von Online-Spielen verwenden. Beim normalen Lesen werden im Schnitt lediglich 40 Bits pro Sekunde beansprucht – die Kapazitäten diese Fertigkeit zu erweitern ist also vorhanden. Ein "normaler" Leser schweift während seines Textes gedanklich ab oder verliert sich in zu vielen Fixierungspunkten – ein Schnellleser vermeidet das, um seine gesamte Aufmerksamkeit dem aktuellen Thema zu widmen und sich nicht in Details zu verlieren. Speed Reading verarbeitet vor allem die letzten beiden der oben genannten Lesetechniken und verbindet sie mit weiteren Elementen der Strukturierungs- und Lerntechnik wie beispielsweise Brainstorming. Nach einem gewissen Training wird Ihnen Speed Reading dabei helfen, Ihre Lesegeschwindigkeit wenigstens zu verdoppeln, wenn nicht sogar zu verdreifachen – da ein Mensch im Durchschnittsalter von rund 40 Jahren im Schnitt etwa eine Stunde pro Tag mit Lesen verbringt, reden wir hier von einer Ersparnis von wenigstens dreieinhalb Stunden pro Woche. Diese Zeit könnten Sie nutzen um zu entspannen, in der Sonne zu liegen, spazieren zu gehen oder Sport zu treiben oder einfach mal eher Feierabend zu machen und etwas Schlaf nachzuholen.

Ziel des Speed Readings besteht jedoch nicht nur darin, möglichst schnell über die Zeilen eines Textes zu fliegen, sondern eine so genannte effektive Leserate zu erreichen. Dementsprechend besteht der Sinn nicht darin, etwas nur zu überfliegen, sondern die Wörter und Inhalte tatsächlich aufzunehmen und zu verinnerlichen. Wenn Sie an Speed Reading denken, vergleichen Sie es also bitte nicht mit den allgemeinen Geschäftsbedingungen eines Kaufvertrages – ich denke, niemand kann so genau wiedergeben, was im Kleingedruckten zum Kauf eines neuen Handys oder Fernsehers steht.

Hätten Sie genau diese allgemeinen Geschäftsbedingungen jedoch mithilfe von Speed Reading gelesen, wäre das ohne Weiteres möglich und das, ohne dass Sie daran eine Stunde sitzen, um die Buchstaben und Worte zu entschlüsseln. Der große Unterschied zum normalen Lesen besteht darin, dass ein Schnellleser die Wörter und Sätze visualisiert, anstatt sie gedanklich in Worte umzuformulieren. Im Gegensatz zu dem was Sie in der Schule lernen geht es hier also nicht darum, die Wörter stumm mitzusprechen, sondern Sie stellen sich die Sätze und Ereignisse vor, als würden Sie in einem Bilderbuch blättern. Unser visuelles Denken arbeitet den ganzen Tag unaufhörlich allein schon dadurch, dass wir sehen.

Beim Lesen ist es jedoch nahezu unbeansprucht. Da das Gehirn Bilder allerdings deutlich schneller verarbeitet als Geräusche, können wir uns diese Eigenschaft zunutze machen. Wenn Sie beispielsweise eine Autotür zuschlagen hören, stellen Sie sich vermutlich auch eher die Tür und das Fahrzeug dazu vor, anstatt lang und breit die Geräusche zu interpretieren und auszuwerten. Wenn ein Baby weint, haben Sie automatisch zuerst das Bild dazu im Kopf und erst nachfolgend auch den Ton. Mit diesem Wissen und nach diesem Prinzip arbeitet das Speed Reading. Am Ende ist ein Schnellleser in der Lage, jede Art von Text in einer konstanten Geschwindigkeit zu lesen – es spielt dabei keine Rolle, ob Text oder Thema bekannt sind. Speed Reading gehört, wissenschaftlich gesprochen, zu den rationellen Lesetechniken. Abgesehen von der deutlich erhöhten Geschwindigkeit, handelt es sich also um ein vollumfängliches Paket, das aus mehreren Faktoren besteht. Es geht nicht nur darum, zu verstehen, welche Aufgabe die Augen und das Gehirn beim Lesen spielen und das Erlernen der verschiedenen Techniken zum Geschwindigkeitslesen, sondern auch darum, vorhandenes Material schneller und zuverlässiger selektieren zu können, sich schlechte Angewohnheiten abzutrainieren und im Allgemeinen effektiver arbeiten zu können.

4. Geschichte des Speed Readings

Erste Theorien zu Techniken, die später auf das Geschwindigkeitslesen angewandt wurden, entstanden bereits während des Ersten Weltkrieges. Wie Sie sicherlich wissen, wurden für den Ersten Weltkrieg diverse Leute einberufen, die eigentlich nie etwas mit dem Militär zu tun hatten – so auch der Apotheker Guy Thomas Buswell. Er hatte über die Jahre aus privatem Interesse ein Aufbaustudium in angewandter Psychologie absolviert und konnte während des Krieges beobachten, wie schnell die Einheit der Kampfflieger zwischen Freund und Feind oder den verschiedenen Flugzeugen unterscheiden konnten, obwohl sie meist nur Millisekunden zur Verfügung hatten. Das faszinierte ihn so sehr, dass er nach Ende des Krieges begann, das Leseverhalten von Menschen zu beobachten und zu analysieren. Er schrieb zu diesem Thema eine Doktorarbeit an der Chicagoer Universität und widmete sein nachfolgendes Leben der Verbesserung von Lesetechniken.

Seinen rein wissenschaftlich und linguistischen Ursprung hatte Speed Reading dennoch in den fünfziger Jahren. Als Begründerin dieser Technik gilt, ungeachtet von Buswells Beobachtungen, Evelyn Wood, eine amerikanische Pädagogin und Forscherin. Sie wollte verstehen, warum manche Menschen in der Lage waren schneller zu lesen als andere. Sie selbst versuchte, sich dazu zu zwingen, die Seiten eines Buches schneller zu lesen – ohne Erfolg, da ihr eigener Erwartungsdruck ihre Konzentration minderte. Eines Tages stellte sie jedoch fest, dass ihre Augen den Linien folgten, die ihre Hände auf einer Seite machten und erfand darauf hin das sogenannte Reading-Dynamics Programm.

Hierbei werden die Hände in gewellten Mustern über die Seite bewegt, sodass die Augen automatisch in einem größeren Sichtfeld arbeiten, gleichzeitig aber auch gewisse Passagen eines Textes bereits unbewusst wahrgenommen wurden und man sie so schneller verarbeiten kann. Wood nannte diese Hand "Schrittmacher". Zu diesem Zeitpunkt lehrte sie an der Universität von Utah, wo sie ihre Technik mit einigen Studenten prüfte, bevor sie sie 1959 als neue Lesedynamik in Washington D. C. der Öffentlichkeit präsentierte.

Der damalige Präsident John F. Kennedy war von der Technik so begeistert, dass er Zuschüsse für Firmen ins Land rief, damit diese die Technik erlernen und damit ihre Effektivität in der Wirtschaft steigern konnten. Woods Arbeit ist bis heute innerhalb dieses Fachbereiches ausschlaggebend, da sie nicht nur Speed Reading als Lernform untersuchte, sondern auch bis zu fünfzig geborene Geschwindigkeitsleser, die also ohne jedes Training zwischen 1.500 bis sogar 6.000 Wörter pro Minute lesen und verstehen konnten, in ihre Forschungen einbezog. Sie erstellte für jeden Leser eine Art Karteikarte, auf denen sie Besonderheiten des Lesevorgangs, der Lesegeschwindigkeit und dem Verständnis des Textes festhielt. Im Zuge dessen stellte sie auch fest, wie unterschiedlich die jeweiligen Erfolge sein können. Sie trainierte mit ihrer studentischen Klasse über einen Zeitraum von zwei Wochen jeweils eine Stunde täglich. Im Durchschnitt erreichten die Kommilitonen durch dieses konsequente Wiederholen und Üben Geschwindigkeiten von 2.000 bis 3.000 Wörtern pro Minute – einzelne lagen bei 1.800 Wörtern, während andere sich auf bis zu 6.000 Wörter steigern konnten.

Vor allem diese enormen Differenzen, trotz gleicher Übungen, bewog im Laufe der Jahre weitere Forscher dazu, sich eingehend mit dem Thema auseinanderzusetzen oder es sogar selbst lernen zu wollen. Ich erwähnte ja, dass Kinder weniger Schwierigkeiten damit haben, sich die Techniken des Speed Readings anzueignen, da sie bevorzugt mit der rechten Gehirnhälfte denken und diese das bildliche Sehen fördert. Der Wissenschaftler George Stancliffe beschäftigte sich ebenfalls eingehend mit Untersuchungen zu diesem Thema, nutzte als Probanden jedoch

Kinder im Vorschulalter. Dadurch konnte er feststellen, dass es einen enormen Einfluss hat, in welchem Alter man sich diese Techniken aneignet. Beginnt man bereits als Kind mit aktiven Übungen, sind Geschwindigkeiten von 5.000 bis zu 20.000 Wörtern pro Minute möglich. Die effektive Geschwindigkeit für Erwachsene beträgt zwar ebenfalls über 10.000 Wörter, die meisten kommen jedoch selten über 5.000 Wörter hinaus, da das bildliche Denken durch die Strukturierung des Erwachsenenlebens bereits so geprägt ist, dass man erheblich größere Probleme hat das zu modifizieren.

Eine der wenigen anerkannten wissenschaftlichen Publikationen zu diesem Thema lieferte der Autor Roger Brown. Für seine Studie wählte er fünf Menschen aus, deren effektive Leserate bei über 1.500 Wörtern pro Minute lag. Jeder von ihnen hatte mindestens ein Jahr einen Kurs zu dem Thema besucht und sich dementsprechend alle vorhandenen Techniken angeeignet. Diese verglich er mit einer Kontrollgruppe, in der sich ausschließlich durchschnittliche Leser mit einer Leserate von durchschnittlich 345 Wörtern pro Minute befanden. Jede dieser Personen musste die gleichen Texte lesen und wurde dabei von mehreren Prüfern ausgewertet. Der durchschnittliche Verständnisgrad lag bei 65 Prozent, egal in welchem Tempo gelesen wurde. Damit gab es im Jahr 1981 erstmals einen tatsächlichen Nachweis, dass man auch mit schnellem Lesen die Möglichkeit hat genauso viel zu verstehen und abzuspeichern – jedenfalls wenn man die richtigen Techniken beherrscht.

5. Für wen ist Speed Reading geeignet?

Grundlegend ist jeder Mensch, der über das Verständnis von Wörtern verfügt, in der Lage, Speed Reading zu erlernen. Sie müssen sich jedoch im Klaren darüber sein, dass diese Technik das normale Lesen nicht vollständig ersetzen, sondern es viel mehr ergänzen wird, um Ihnen gewisse Aufgaben zu erleichtern oder sie zu beschleunigen. Geeignet ist es also für diejenigen unter Ihnen, die häufig mit einer großen Flut an Informationen konfrontiert werden beziehungsweise schnell viele Daten verarbeiten müssen. Falls Sie sich noch an Ihre Studien- oder Ausbildungszeit erinnern, haben Sie mit Sicherheit auch die Momente im Kopf, wo Sie stundenlang Sachbücher gewälzt haben, um beispielsweise einen sinnvollen Vortrag zusammenzustellen. In solchen Momenten ist Speed Reading unwahrscheinlich sinnvoll. Ob Sie schlussendlich in der Lage sein werden 2000 Wörter pro Minute oder doch "nur" 500 Wörter lesen zu können – es mag in der Relation wenig klingen, doch vergessen Sie niemals, dass Sie beim normalen Lesen im Schnitt bei 240 Wörtern liegen – hängt davon ab, auf welche Art und Weise Sie bisher gelesen haben, und welche Denk- und Lernmuster Sie anwenden, wenn Sie das Speed Reading beherrschen möchten.

Egal wie sehr Sie es versuchen – Sie werden niemals beeinflussen können, wie gut Sie Informationen in Ihr Langzeitgedächtnis übertragen können. Selbstverständlich gibt es auch hierfür Übungen und Tricks, die Ihr Erinnerungsvermögen steigern und verbessern. Diese hängen jedoch in den seltensten Fällen mit Ihrem Lernmuster zusammen. Indem Sie Geschwindigkeitslesen anwenden, reizen Sie die Kapazität Ihres Kurzzeitgedächtnisses aus – das ist anspruchsvoll und am Anfang auch sehr anstrengend, da Sie Ihrem Gehirn die Möglichkeit nehmen zu entscheiden, welche Daten relevant sind und übertragen werden müssen und welche nicht. Sie haben jedoch immer die Möglichkeit beim Lesen wieder langsamer zu werden, wenn Sie der Meinung sind, dass es sich um eine wichtige oder interessante Textpassage handelt.

Wie gesagt – Speed Reading ergänzt das normale Lesen. Nutzen Sie die Technik also zu einem bestimmten Zweck, etwa um eben einen Überblick zu erhalten. Bevor Sie beginnen in die Tiefe zu gehen, versucht Ihr Gehirn nicht alles abzuspeichern, sondern konzentriert sich gezielt auf Schlüsselwörter. Ich nutze diese Technik gern, wenn ich für ein neues Thema recherchiere, um Artikel zu überfliegen, bevor ich sie mir genauer ansehe. Dementsprechend selektiere ich vorab meine Quellen, um Zeit zu optimieren. Gleichzeitig trenne ich auf diese Art und Weise wichtige von unwichtigen Informationen. Ich schließe nicht einmal aus, dass mir dadurch unter Umständen das eine oder andere kleine Detail entgeht, einfach weil ich gewisse Texte oder Artikel dadurch nicht wahrnehme – im Gegenzug spare ich mir jedoch die Hälfte an Arbeitszeit. Es geht hier also auch darum, den Aufwand und Nutzen gegeneinander abzuwägen. Ihnen wird es leichter fallen, sich diese Technik anzueignen, je jünger Sie sind. Im Schnitt können Sie jedoch durchaus ein halbes Jahr einplanen – drei Monate zum Lernen und drei Monate zum Üben bis Sie die Techniken beherrschen.

Es gibt jedoch Themenbereiche, wo sich Speed Reading als Leseart absolut nicht eignet – müssen Sie etwa ein Gedicht auswendig lernen, möchten entspannt einen Roman lesen oder ein Sachbuch interpretieren, ist diese Lesetechnik ungeeignet. Das hängt einfach damit zusammen, dass Sie alle vorhandenen Informationen benötigen, häufig in die Tiefe gehen müssen und, gerade bei Interpretationen, permanent reflektieren, um die Worte in Ihrem Kopf neu zu formulieren und darzulegen. Geht es allerdings darum ein bereits bekanntes Thema nach neuen Erkenntnissen zu erforschen, gibt es kaum eine bessere und effektivere Möglichkeit – einfach bedingt dadurch, dass Sie in der Lage sind mehr als doppelt so schnell zu lesen und sich ausschließlich auf die Informationen konzentrieren können, die sie tatsächlich benötigen.

Mittlerweile gibt es sogar Wettbewerbe zum Thema Schnelllesen. Hierbei werden Texte vorgegeben, die in möglichst kurzer Zeit gelesen und wiedergegeben werden müssen. Einige Menschen erlernen diese Technik also auch aus Spaß oder als neues Hobby, so wie es bei anderen Personen Fußball ist. Falls Sie den Filmemacher Woody Allen kennen, auch er hat sich diese Technik einfach nur so zum Spaß angeeignet. Anschließend las er innerhalb von zwanzig Minuten ein Buch, welches 1500 Seiten umfasst – eine beeindruckende Leistung, dennoch verfehlte er den Grundgedanken hinter Speed Reading zur Gänze. Es geht ja auch darum, die Informationen zu verinnerlichen. Hier scheiterte er, da er keinerlei Informationen zur Handlung gespeichert hatte und sich gerade noch mit Mühe daran erinnern konnte, in welchem Land die Geschichte spielte. Ein Roman eignet sich niemals zum Speed Reading, immerhin möchten Sie ja auch der Handlung folgen können, sich in sie vertiefen und mitfiebern. Sie können also die Techniken beherrschen, Ihr Gehirn muss jedoch auch in der Lage sein, dieser Geschwindigkeit zu folgen. Im Zweifelsfall lesen Sie also lieber etwas langsamer, als am Ende alles doppelt und dreifach erledigen zu müssen.

6. Wie kann man Speed Reading lernen?

Völlig unerheblich auf welchem Stand Ihrer Lesetechnik Sie sich befinden, jeder Mensch beginnt auf die gleiche Art und Weise damit sich Speed Reading als neue Fertigkeit anzueignen. Bevor Sie sich jedoch wild in die Texte stürzen, werden einige Techniken eliminiert, die Sie aus dem normalen Lesen kennen. Hierzu zählt beispielsweise das laute Lesen von Wörtern, auch wenn Sie sie nicht verstehen oder das Zurückspringen auf eine vorhergehende Textpassage. Haben Sie keine Angst. Sie werden nichts verpassen, nur weil Sie sich nicht mehr an den gesamten Text erinnern.

Damit Ihr Gehirn in der Lage ist, schneller zu denken, als Sie lesen, müssen Sie visuelle Gewohnheiten entwickeln, mit denen Sie die Worte in Bilder umwandeln können – glauben Sie mir, das ist die einzige Möglichkeit. Denn das Sehen und das Arbeiten mit Bildern ist die schnellstmögliche Aktivität Ihres Gehirns. Ihr normales Verständnis von Dingen die Sie gelesen oder gelernt haben arbeitet so, dass es Ihnen erklärt, was Sie mit den Informationen anfangen können nicht, was Sie tatsächlich gesehen haben. Die Techniken hierzu nennen sich auch "Minds-Eye" Techniken – Sie nutzen also Bilder vor Ihrem inneren Auge, um Daten zu verinnerlichen. Andernfalls werden Sie sich das Gelesene nicht einprägen können und dementsprechend keinen Vorteil daraus ziehen.

Handelt es sich um einen Sachtext, aus dem lediglich Informationen herausgefiltert werden sollen, empfehle ich Ihnen, diesen zuerst zu überfliegen. Dadurch filtert Ihr Hirn die wichtigen Informationen, macht sich aber gleichzeitig bereits mit dem gesamten Text vertraut – womit Sie anschließend in der Lage sind, die genaueren Informationen schneller in sich aufzunehmen. Ihr Hirn versucht zu jedem Zeitpunkt die

Informationen zu verstehen und aus ihnen einen Sinn zu ermitteln. Anders als beim tatsächlichen Speed Reading werden Sie also auch hier wieder die gelesenen Worte paraphrasieren, anstatt sie zu verbildlichen – es ist allerdings ein guter Anfang um das Gehirn dahingehend umzustrukturieren, dass es sich nicht in Details verliert und vor allem, dass es immer versucht schneller zu denken, als Sie die Informationen mit Ihren Augen aufnehmen.

Im nächsten Schritt geht es darum, sich mit dem visuellen Denken vertraut zu machen. Wir alle haben die Grundkenntnisse dafür verankert, es liegt nun an Ihnen, ob Sie diese Kenntnisse weiter ausbauen möchten – für Geschwindigkeitslesen ist das unerlässlich. Ich bin mir sicher, dass auch Sie bereits an Tests für räumliches Denken teilnehmen mussten. Im Grunde genommen ist das vergleichbar, Sie müssen sich das Gelesene bildlich vorstellen und mit bereits bekannten Gedanken und Bildern in Ihrem Kopf verknüpfen. Ihr Vorteil besteht darin, dass die Verknüpfungen mittels Bildern um ein vielfaches schneller funktioniert und auch längerfristiger abgespeichert wird als jede Form von Geräusch, Geruch oder Gefühl. Sie müssen dafür jedoch lernen, wie Sie Ihre Denkprozesse visuell darstellen. Die einfachste Form besteht im Erstellen von Mind Maps – also Gedanken, die Sie auf eine Tafel gemalt haben. Es gibt jedoch auch noch andere Tricks und Tipps, wie Sie dieses Denken fördern und Ihr Gehirn umschulen können. In der extremsten Form ist visuelles Denken bei Autisten zu finden – also den Menschen, die beispielsweise über eine Metropole wie New York fliegen und anschließend jedes Fenster einzeln zeichnen könnten. Leider leiden darunter andere Fähigkeiten, wie das Sprechvermögen. Ich möchte Ihnen jedoch nicht empfehlen, sich autistische Züge anzueignen, sondern die Möglichkeiten die sich Ihnen bieten weiter auszubauen.

Erinnern Sie sich noch an das Spiel Memory? Als Kind habe ich es andauernd gespielt und immer wieder gewonnen. Vor einigen Jahren habe ich mich gegen meine kleinen Geschwister versucht – und bin kläglich gescheitert. Ich hatte Ihnen ja weiter oben bereits erklärt, dass Ihr Gehirn aus zwei Hälften besteht und Kinder vorwiegend mit der rechten Hälfte arbeiten, während im Zuge des Erwachsenwerdens die linke Hirnhälfte eine immer größere Rolle einnimmt. Am effektivsten sind Sie jedoch in dem Moment, in dem Sie in der Lage sind beide Hälften gemeinsam statt abwechselnd arbeiten zu lassen. Dieses einfache Spiel trainiert Ihr bildliches Denken dennoch unwahrscheinlich – immerhin müssen Sie sich ja einprägen, welches Bild sich an welcher Position befindet und hilft Ihnen, den unausgelasteten Teil Ihres Gehirns zu reaktivieren.

Eine weitere Möglichkeit, vor allem Ihr fotografisches Gedächtnis zu trainieren – quasi um die Möglichkeit zu schaffen, sich an Bilder zu erinnern die Sie mit Ihren Informationen kombinieren können – besteht im auswendiglernen von Zahlenfolgen, wie der berühmten Ziffer Pi. Sollten Sie Probleme mit Zahlen haben, besteht auch die Möglichkeit, diese durch Buchstaben zu ersetzen und daraus anschließend kleine Geschichten zu spinnen. Sie bilden also Eselsbrücken, um Ihr Hirn zur Kreativität anzuregen und sich Dinge gleichzeitig einzuprägen.

Kennen Sie die amerikanische Serie "The Big Bang Theory"? Einer der Protagonisten, Sheldon Cooper, verfügt über ein außergewöhnliches Gedächtnis. Während der Serie spielt er mehrere male Gedankenschach. Auch diese Übung hilft ungemein dabei, Ihr visuelles Denken zu fördern. Als ich das zum ersten Mal gelesen habe, konnte ich es mir absolut nicht vorstellen, schon allein deshalb, weil ich bis dato nie Schach gespielt hatte. Sie können glücklicherweise, ähnlich wie ich, mit einfachen Übungen anfangen. Stellen Sie sich einige wenige Figuren beliebig auf einem Schachbrett vor und betrachten Sie sie für einige Sekunden um sich die Positionen einzuprägen. Anschließend schließen Sie die Augen und bewegen eine der Figuren gedanklich. Versuchen Sie es mit einer zweiten und schieben Sie danach beide Figuren auf die Stellen, die Sie ihnen gedanklich zugewiesen haben. So können Sie sich langsam immer weiter steigern.

Auf diese Art und Weise lernt Ihr Gehirn Informationen, die es augenscheinlich nicht mehr benötigt dennoch nicht zu löschen, sondern eine Art Netz zu spannen und die neuen Daten darin einzupflegen, es sozusagen stetig zu erweitern.

Nachdem Sie sich die Dinge nun besser bildlich vorstellen können, müssen Sie Ihre bisherigen schlechten Angewohnheiten beim Lesen abstellen. Im Wesentlichen handelt es sich hierbei um drei Punkte, die sich Regression und Vokalisierung nennen. Vereinfacht gesagt müssen Sie aufhören, immer wieder auf vorherige Passagen zurückspringen oder die Worte leise oder auch nur gedanklich im Kopf mitzusprechen. Die Fixation müssen Sie beibehalten – sie ist notwendig, damit Ihr Gehirn Informationen speichern kann. Speed Reader sind in ihrem Sichtfeld jedoch so trainiert, dass sie nicht nur die Worte in Leserichtung, sondern auch die vorangegangenen Buchstaben und Wörter während einer Fixation erfassen und aufnehmen können. Gleichzeitig wird Ihre Stimme niemals so schnell arbeiten können wie Ihre Gedanken und allein wenn Sie sich darauf konzentrieren diese drei Punkte zu unterlassen, werden Sie in einem Text bereits doppelt so schnell vorankommen wie bisher. Es ist erwiesen, dass ein Mensch der den gesamten Text zehnmal überfliegt, immer noch doppelt so schnell arbeitet wie jemand, der immer wieder zu vorherigen Passagen zurückspringt.

Unabhängig davon gibt es bestimmte Techniken, derer Sie sich zunutze machen können. Hierbei handelt es sich jedoch um die Grundlagen die Sie zuerst beherrschen müssen, um anschließend weitere Fertigkeiten zu erlangen.

7. Arten des Speed Reading nach Peter Rößler

Peter Rößler gilt innerhalb Deutschlands als einer der großen Experten, was das Thema Geschwindigkeitslesen angeht. Obwohl er eigentlich im technischen Bereich tätig ist, interessierte ihn das Thema – und nachdem er mithilfe eines Trainings seine Lesegeschwindigkeit innerhalb von zwei Monaten von 223 Wörtern pro Minute auf 450 steigern konnte, begann er sich noch intensiver damit zu beschäftigen und eigene Ideen zu diesem Bereich zu verfassen. Gleichzeitig ist er Gründungsmitglied der Deutschen Gesellschaft für Schnell-Lesen und deren erster Vorsitzender. Für sein Buch zu diesem Thema sammelte er über ein Jahrzehnt lang Informationen von über vierzig verschiedenen Wissenschaftlern, Lehrern und Besuchern seiner Kurse.

Für Rößler gibt es drei verschiedene Arten des Speed Reading: das Lesemanagement, das schnellere Normallesen und das optische Schnelllesen, beziehungsweise das optische Zeilenlesen. Er ist der Meinung, dass jede dieser Techniken trainiert werden kann, es jedoch immer ein wenig Talent erfordert, um sie perfektionistisch beherrschen zu können.

Nach Rößler existieren keine genauen Festlegungen, ab welchem Zeitpunkt man als Geschwindigkeitsleser gilt. Für einige Menschen bedeutet Schnelllesen bereits eine Zeitersparnis in Form von Lesemanagement, für andere wiederum gilt es erst sobald man 1000 Wörter pro Minute lesen kann. Da es mittlerweile viele verschiedene Begriffe innerhalb der Wissenschaft zu dieser Thematik gibt, hat Rößler sie klassifiziert: Es gibt das normale Lesen, also das was Sie und ich in der Schule gelernt haben und meist auch bis heute anwenden. Die Wörter werden leise mitgesprochen, hin und wieder springt man zu vorherigen Passagen zurück. Zum normalen Lesen gehören auch das überfliegende Lesen, wenn Sie einen Text beispielsweise schon kennen und nur nach neuen Informationen suchen und das lernende Lesen. Es ist sogar langsamer als die durchschnittliche Geschwindigkeit und dient dem tiefen Studium eines Textes.

Die nächsthöhere Geschwindigkeit besteht im Lesemanagement, welches ich Ihnen weiter unten genauer erkläre. Alternativ wird es auch planvolles Nichtlesen genannt. Ebenfalls erklärt wird das schnellere Normallesen oder auch kleines Schnelllesen, eine Technik, die jeder Mensch unabhängig seiner Talente erlernen kann.

Das tatsächliche Speed Reading wird von Rößler als optisches Schnelllesen bezeichnet. Gemessen wird in einer sogenannten "Rauding Rate" oder zu deutsch: effektiven Leserate. Sie beschreibt das Verhältnis von Lesegeschwindigkeit zu Verständnis – selbstverständlich können Sie auch schneller lesen als es Ihre Rauding Rate angibt, wären aber dennoch nicht effektiver, da in diesem Fall das Verständnis nachlassen würde.

7.1 LESEMANAGEMENT

Das Lesemanagement beschreibt weniger eine Technik, um schneller lesen zu lernen, sondern vielmehr beim Lesen Zeit zu sparen, indem man weniger Inhalte in sich aufnehmen muss. Es beschreibt dementsprechend, wie man gezielt liest und sich nur auf das Wesentliche konzentriert. Für Rößler bedeutet Speed Reading nämlich nicht nur, tatsächlich schneller lesen zu können, sondern gleichzeitig auch jede Technik, die beim Lesen Zeit einspart.

Um herauszufiltern, welche Bereiche für Sie interessant sind, können Sie mit Inhaltsverzeichnissen und Überschriften arbeiten. Meist bietet Ihnen, gerade bei Sachbüchern, die Struktur der Texte bereits erste Anhaltspunkte, was für Sie wirklich relevant sein könnte. Selbstverständlich besteht immer ein Risiko, dennoch wichtige Informationen nicht zu erhalten, weil Sie die entsprechenden Passagen nicht gelesen haben. Dennoch arbeiten Sie mit dieser Methode effektiver – vor allem wenn Sie eine Zeitvorgabe haben und dementsprechend unter Druck stehen. Anhand der vorhandenen Struktur können Sie nun individuell entscheiden, welche Teile Sie detailliert lesen und welche Sie außenvorlassen. Sollten Sie sich einmal nicht sicher sein, lesen Sie den ersten Absatz um Aufschluss über die Relevanz für Ihre Fragen zu erhalten. Der Vorteil an dieser Methode ist, dass sie keinerlei Übung bedarf. Jeder Mensch, der in der Lage ist, strukturiert und organisiert zu denken, kann Lesemanagement anwenden und so bei Bedarf den Zeitaufwand minimieren, indem er einfach nur das liest, was tatsächlich notwendig ist.

7.2 DAS SCHNELLERE NORMALLESEN

Hierbei handelt es sich um eine Technik, die nur dazu gedacht ist, das normale Lesen so weit wie möglich zu optimieren. Sie sind also auch durch reines Training mühelos in der Lage sich schneller durch Ihre Texte zu arbeiten. Manchen Menschen ist diese Eigenschaft angeboren – Sie kennen es sicherlich aus Schule, Ausbildung oder Studium, dass einige Ihrer Klassenkameraden, beziehungsweise Kommilitonen, oder sogar Sie selbst, eine Textaufgabe schneller beendet haben als der Rest. Je nachdem wie viel Sie als Kind gelesen oder geschrieben haben, sind Sie im Erwachsenenalter schneller oder langsamer in der Lage, einen Text sowie seinen Inhalt in sich aufzunehmen. Diese Technik eignet sich vor allem, wenn Sie nicht in der Lage sind das Subvokalisieren, also das innere Mitsprechen der Wörter, abzulegen, da es hierbei nicht nötig ist – es geht vielmehr darum, diese leise Wiedergabe so weit zu beschleunigen, wie es Ihnen möglich ist. Durchschnittlich können Menschen, die ihre vorhandenen Lesefertigkeiten optimieren, bis zu 450 Wörter pro Minute lesen – das mag im Vergleich zum tatsächlichen Speed Reading wenig klingen, stellt aber dennoch nahezu eine Verdopplung der ursprünglichen Geschwindigkeit dar.

7.3 DAS OPTISCHE SCHNELLLESEN

Rößler bezeichnet diese Technik auch als Königsdisziplin vom Speed Reading. Ich hatte Ihnen ja bereits erklärt, dass das menschliche Auge beim Lesen nicht jedes Wort einzeln aufnimmt, sondern immer gewisse Punkte für einige Sekunden fixiert, während es gleichzeitig den Rest drum herum wahrnimmt. So wandert es von einem Punkt zum nächsten und liest sich auf diese Art und Weise durch den Text. Beim normalen Lesen werden mittels dieser Fixation ein bis zwei Wörter um den festgelegten Punkt erfasst – beim optischen Schnell-Lesen wird versucht, das maximal Mögliche aus dem Sichtfeld einzuprägen und auf diese Art und Weise bis zu zehn, wenn nicht sogar 20 Wörter auf einmal zu erfassen. Die Fixationen dürfen allerdings nicht willkürlich gesetzt werden. Viele Speed Reader nutzen daher ihren Finger als Hilfsmittel, indem sie ihn wellenartig über die Zeilen wandern lassen. Das Auge folgt dieser Bewegung ganz natürlich und sucht sich so immer neue Fixpunkte.

Um sich diese Art des Schnelllesens überhaupt aneignen zu können, müssen Sie folgende Dinge beherrschen: Zuerst – wie bei allen anderen Fertigkeiten auch, dürfen Sie nicht mehr subvokalisieren – das heißt, Sie dürfen die Worte im Inneren nicht mehr mitsprechen. Auch wenn Sie der Meinung sind, dass Sie das bisher nie getan haben, wenn Sie darauf achten wird es Ihnen sicherlich auch auffallen. Ihr Gehirn muss in der Lage sein, auch ohne dieses leise mitsprechen einen Sinn der Wörter und Sätze erfassen zu können – beispielsweise indem es eben Bilder mit Worten verknüpft. Das mag jetzt irrsinnig klingen, aber versuchen Sie sich zuerst an Kinderbüchern. Da Kinder verstärkt mit der rechten Hirnhälfte arbeiten, werden hier viele Bilder eingesetzt, um den Worten Sinn zu verleihen. Außerdem ist es wichtig, Ihr Sichtfeld zu erweitern. Sie kennen doch sicherlich den berühmten Tunnelblick, der sich beispielsweise nach einer langen Autofahrt auf langer Strecke einstellt? Den gleichen Effekt haben Sie auch beim Lesen. Trainieren Sie also nicht nur das einzelne Wort, sondern so viel drum herum wie nur möglich aufzunehmen und das alles in einen Zusammenhang zu setzen. Sowohl Ihre Augen als auch Ihr Gehirn sind dazu in der Lage, Sie müssen es nur zulassen und Ihre Gewohnheiten ablegen. Zuletzt ist es wichtig, die Fixationen gezielt zu setzen. Dafür können Sie sogenannte "Blick-Kreise" einsetzen – Sie lassen Ihre Augen also immer kreisförmig über den Text wandern. Damit vermeiden Sie, dass Sie bestimme Passagen versehentlich nicht wahrnehmen und Ihnen wichtige Informationen verloren gehen würden.

Eine Sonderform des optischen Schnelllesens nennt sich optisches Zeilenlesen. Der Unterschied besteht darin, dass Sie Ihre Augen nicht kreis- oder wellenartig über den gesamten Text kreisen lassen, sondern wie beim normalen Lesen Zeile für Zeile wahrnehmen. Es ist also genauso notwendig, die Subvokalisation abzustellen und zumindest rein optisch, den Sinn des Textes zu erfassen – wenn Sie jedoch mit den gezielten Fixationen Probleme haben, wird Ihnen diese abgeschwächte Version deutlich leichter fallen. Nicht jeder Mensch ist in der Lage, einen gesamten Text nur mittels weniger fixierter Wörter zu erfassen – Sie lesen jedoch auch um einiges schneller, wenn es Ihnen bereits gelingt, nur ein bis zwei Wörter pro Zeile zu fixieren und dennoch deren gesamten Sinn zu verstehen. Im Durchschnitt besteht eine Zeile aus etwa neun Wörtern. Selbst durch diese Technik können Sie bereits bis zu 800 Wörter pro Minute lesen, wären also knapp vier Mal schneller als ein durchschnittlicher Leser.

Grundlegend gibt es keine genauen Grenzen, was die Geschwindigkeiten anbelangt, die beim Speed Reading erreicht werden können. Das liegt daran, dass sich hier Lesetempo und Verständnis nicht parallel verhalten. Das bedeutet, dass ein schnelleres Lesen nicht zwingend dafür sorgen muss, dass Sie weniger vom Text verstehen. Der Hintergrund dazu liegt in der Lesetechnik – durch die Blickkreise sehen Sie einige Wörter doppelt, da diese sich zum Teil überschneiden. Um schneller zu lesen, müssen Sie die Abstände zwischen den einzelnen Kreisen erhöhen. Selbstverständlich kann das dazu führen, dass Lücken entstehen, diese müssen aber nicht zwingend einen Verständnisverlust zur Folge haben, solange sie nicht so groß sind, dass Ihnen ganze Abschnitte verloren gehen. Dementsprechend haben Sie immer die Möglichkeit, jedenfalls sobald Ihnen auffällt, dass Ihnen gewisse Sätze bereits bekannt vorkommen, die Spanne etwas zu erweitern, um herauszufinden, ob Sie dennoch mit dem Text zurechtkommen. Sollte es so sein, steigern Sie Ihre Rauding Rate und Ihre Lesegeschwindigkeit, ohne dabei Informationen zu verlieren. Gleichzeitig ist die maximal erreichbare Geschwindigkeit davon abhängig, wie relevant der Text für Sie ist und ob Ihnen das Thema bekannt oder völlig fremd ist. Weniger relevante Texte werden Sie tendenziell eher überfliegen, um nur das Nötigste an Informationen zu erhalten. Genauso verhält es sich mit bereits bekannten Themenbereichen, da Ihr Hirn hier bereits Informationen und Wörter, beziehungsweise Wortgruppen, verinnerlicht hat, bevor Sie mit dem Lesen beginnen.

8. Hürden beim Speed Reading und wie Sie sie beseitigen

Wenn Sie beim Speed Reading wirklich Erfolg verzeichnen wollen, ist es erforderlich, sich gewisse Eigenschaften des Lesens, so wie Sie es kennen, abzutrainieren. Am meisten werden Sie durch die Subvokalisation eingebremst. Die Wörter leise im Kopf mitzusprechen, auch wenn Sie es unbewusst machen, verlangsamt Ihre effektive Leserate mehr als Sie vielleicht am Anfang denken. Wie ich Ihnen bereits erklärt habe, werden Sie nie so schnell sprechen können wie Sie denken – das gilt sowohl für das tatsächliche Formulieren der Wörter die sie gerade gelesen haben, sei es nun mit Lauten oder stumm, als auch für leises Sprechen in Ihren Gedanken. Ihr Gehirn ist durch Subvokalisation jedoch nicht ausgelastet – streng genommen dient diese Eigenschaft sogar der Tatsache, es zu entlasten, damit es sich weniger auf die Buchstaben und Worte, sondern mehr auf den Sinn dahinter konzentriert und sich alles so gut wie möglich einprägen kann.

Dadurch schweift es gedanklich ab, während Sie sich eigentlich auf den Text konzentrieren müssten. Sie können das unter anderem dadurch vermeiden, indem Sie, statt Wort für Wort, versuchen, größere Satzgruppen auf einmal zu erfassen und zu lesen. In diesem Moment ersetzen Sie die Wörter gedanklich automatisch durch Bilder und werden sich erheblich schneller durch den Text arbeiten können. Gleichzeitig reduzieren Sie dadurch das unterschwellige Mitlesen. Indem Sie jedem zu lesenden Wort die gleiche Bedeutung geben, egal ob es sich um ein Füllwort oder einen Fachbegriff handelt, entwickeln Sie eine konstante Lesegeschwindigkeit und konzentrieren sich auf Wortgruppen anstatt auf einzelne Wörter. Ihr Hirn findet dann automatisch zusammenhängende Bedeutungen. Dennoch werden Sie sich immer wieder dabei ertappen, wie Sie zumindest einige Wörter leise mitsprechen. Selbst gehörlose Menschen besitzen ein angeborenes Bewusstsein für das Geräusch von Wörtern. Ich bin mir sicher, dass Ihnen dieses Phänomen bekannt ist – haben Sie schon einmal einem Gespräch gelauscht oder sich etwas erzählen lassen, während Sie nebenbei einer weiteren Aufgabe nachgegangen sind?

Bis zu einem gewissen Grad funktioniert das sehr gut und Sie wissen zumindest im Groben, worum es ging. Früher oder später kommt jedoch der Zeitpunkt, wo Sie nachhaken müssen, weil Sie das Gefühl haben, ganze Sätze nicht gehört zu haben. Das liegt daran, dass Sie gewisse Bestandteile des Satzes nicht gehört haben und Ihnen dadurch der gesamte Zusammenhang verloren gegangen ist. Das gleiche Prinzip gilt auch beim Lesen. Sie können Ihr Tempo bis zu einem gewissen Grad steigern, ab einem bestimmten Zeitpunkt verlieren Sie dennoch den Zusammenhang und die Worte verschwimmen vor Ihren Augen. Dann müssen Sie zwangsläufig zu einem bereits gelesenen Teil zurückkehren und von Neuem, nur dieses Mal langsamer, lesen. Ihrem Hirn hat der kognitive Zusammenhang gefehlt, da Sie Schlüsselwörter übersprungen haben und er sich diese nicht mehr vorstellen konnte. Um Subvokalisation zu vermeiden, hilft es also nicht nur, schneller zu lesen. Wenn Sie die Wörter tatsächlich mitsprechen, auch wenn es geräuschlos ist, hilft es, sich beispielsweise die Hand auf den Mund zu legen, während Sie lesen. Sollten Sie hingegen nur gedanklich mitsprechen, können Sie zumindest am Anfang Abhilfe schaffen, indem Sie eine Ihnen bekannte Melodie laut summen. Auf diese Art und Weise beschäftigen Sie das Sprachzentrum Ihres Gehirns.

Da dieser Teil technisch nur für eine Aufgabe gemacht ist, können Sie also nicht parallel die Wörter mitsprechen, die Sie gerade lesen. Am Anfang wird Ihnen das sicherlich seltsam vorkommen und Sie werden beim Lesen immer mal wieder stocken oder pausieren müssen. Das ist völlig normal, Sie haben Lesen gelernt, indem Sie Wörter mitsprechen und legen Ihr Gehirn gerade bewusst taub. Dadurch ist es gezwungen, sich neue Wege zu überlegen, um die gelesenen Wörter zu Informationen verarbeiten zu können – meist nimmt es nun automatisch Bilder, da wir nach Ton und Stimme am Häufigsten mit diesem Mittel arbeiten. Indem Sie jeden Tag für einige Minuten so lesen – dabei reicht die Viertelstunde, in der Sie in der früh Ihren Kaffee trinken – wird Ihnen das Lesen nach einer bis zwei Wochen wieder leichter fallen. Ihr Gehirn ist dann neu trainiert und wird auch nicht wieder versuchen, die Wörter im Inneren auszusprechen.

Häufig springen wir, meist unbewusst, während des Lesens wieder zurück zu Passagen, die wir bereits gelesen haben. Hierin birgt sich jedoch die zweite große Gefahr, die Ihnen das Geschwindigkeitslesen verweigert, die sogenannte Regression. Sie müssen sich klar machen, dass Ihr Verständnis nicht nachlässt, nur weil Sie die Passagen nicht zwei oder drei Mal lesen. Im Gegenteil, durch die erhöhte Lesegeschwindigkeit liegt Ihre Konzentration ohnehin mehr beim Text, sodass Sie die Informationen effektiver abspeichern. Gleichzeitig können Sie sich, bevor Sie beispielsweise einen neuen Text lesen, jederzeit vorher fragen, welche Informationen für Sie wirklich relevant sind. Meist befinden sich in einem Text viele Daten, die für Ihr aktuelles Thema irrelevant sind und Ihr Kurzzeitgedächtnis nur sinnlos belegen. Indem Sie nicht wiederholt lesen, werden diese Informationen nicht abgespeichert und behindern Ihre nachfolgende Arbeit nicht. Regression geschieht bis zu einem gewissen Punkt automatisch, allein schon dadurch, dass Ihre Augen nicht linear über den Text wandern.

Versuchen Sie dennoch, das bewusste Zurückspringen zu vermeiden – vor allem wenn Sie die Geschwindigkeitslesung lernen. Hierbei geht es nicht darum, den Text zu verstehen, sondern nur, Ihre Augen und Ihr Gehirn an das gestiegene Tempo zu gewöhnen. Um das zu erreichen, müssen Sie gegen Ihren Verstand arbeiten – wie es der Name schon sagt, möchte er alles nachvollziehen und verstehen können. Anstatt die

Passagen erneut zu lesen, nehmen Sie sich die Zeit zu reflektieren, was Sie nicht verstanden haben. Unter Umständen gewinnen Sie dadurch neue Erkenntnisse, die Ihnen durch eine Regression gar nicht gekommen wären. Gern können Sie zu Beginn ein Lineal oder ein Blatt Papier nehmen, mit dem Sie die Zeilen abdecken die Sie bereits gelesen haben. Das schließt die Möglichkeit aus, unbewusst wieder zu oberen Passagen zurückzukehren.

Ich hatte Ihnen eingangs erklärt, dass Sie lesen gelernt haben, indem Sie die einzelnen Buchstaben zusammengefügt und daraus Wörter gebildet haben. Im Laufe der Jahre werden Sie damit immer schneller – die zugrunde liegende Technik bleibt jedoch die Gleiche. Dadurch kann es jedoch dazu kommen, dass Sie sich bei Ihren Fixierungen auf jedes einzelne Wort konzentrieren. Nutzen Sie Ihre Finger als Hilfsmittel und führen Sie Schwünge oder Wellenlinien durch. Mit dieser Hilfe sucht Ihr Auge sich von ganz allein weiter auseinander liegende Fixierungspunkte.

Selbstverständlich sollen Sie mit einem gewissen Ehrgeiz an diese neuen Aufgaben herangehen. Dennoch dürfen Sie jedoch nicht in der Illusion an diese Techniken herangehen, dass Sie sie innerhalb von zwei Wochen perfektioniert haben und anderen beibringen können. Es handelt sich um einen langwierigen Lernprozess und ähnlich wie beim Erlernen von Fremdsprachen, werden Sie immer wieder neue Informationen finden und Techniken erlernen, die besser zu Ihren Lesegewohnheiten passen. Übertriebener Perfektionismus kann dazu führen, dass Sie scheitern. Ich bin zuversichtlich, dass Sie Ihre effektive Leserate wenigstens verdoppeln können – unter Umständen werden Sie dafür jedoch etwas Zeit benötigen. Im Endeffekt verhält es sich ähnlich wie beim Autofahren. Sie können die Theorie perfekt beherrschen, lernen es aber nur effektiv, indem Sie auch immer wieder fahren. So werden Sie auch Speed Reading nur immer besser beherrschen, indem Sie es permanent wiederholen.

Gleichzeitig können eine falsche Sitzposition, das falsche Licht oder eine störende beziehungsweise laute Umgebung Ihre Konzentration mindern. Mangelnde Konzentration wirkt sich direkt auf Ihre Lesegeschwindigkeit aus. Versuchen Sie einmal, einen Fachtext zu lesen, während Ihr Fernseher nebenbei läuft, und stoppen Sie die Zeit. Anschließend lesen Sie einen anderen Text, allerdings zum gleichen Thema, während die technischen Geräte ausgeschaltet sind und Sie nicht ablenken können. Ich bin mir sicher, Sie werden unterschiedliche Zeiten feststellen.

Zuletzt ist Ihre Konzentration auch davon abhängig, was gerade in Ihrem Leben vor sich geht. Leiden Sie unter emotionalem Stress und haben das Gefühl, dass sich Ihre Gedanken permanent im Kreis drehen, werden Sie unweigerlich weniger konzentriert sein – schon allein dadurch, dass Sie mit dem Kopf nicht zu hundert Prozent bei der Sache sind. Ich weiß aus eigener Erfahrung nur zu gut, dass man nicht alle Probleme immer wegschieben kann, nur weil man jetzt arbeiten muss oder andere Aufgaben zu erledigen hat. Dennoch kann ich Ihnen zur Bewältigung des Gedankenstaus etwas empfehlen, dass genau so simpel wie wirkungsvoll ist: Gehen Sie spazieren. Zwanzig Minuten an der frischen Luft reichen aus, damit Ihre motorischen Leistungen die Aktivität Ihres Gehirns übernehmen.

Das löst Ihre Probleme unter Umständen nicht, Sie können jedoch mal kurz durchatmen und wenigstens für kurze Zeit abschalten. Gegebenenfalls sehen Sie die Dinge dann unter einem neuen Aspekt und können sie auf diese Art und Weise lösen. Gleichzeitig fördert spazieren gehen die Durchblutung, weshalb Ihre Organe – so auch Ihr Gehirn – mit mehr Sauerstoff versorgt werden. Das wiederum regt Ihre grauen Zellen an, die nun für die nachfolgende Arbeit auf höchstem Niveau arbeiten. Wenn spazieren gehen einfach nicht Ihr Favorit ist, können Sie sich natürlich auch auf jede andere Möglichkeit an der frischen Luft bewegen. Selbst wenn Sie am Ende mit einer Yogamatte auf Ihrem Balkon stehen, reicht auch das schon vollkommen aus. Um Ihre Konzentration und damit Ihre Leistungsfähigkeit so hoch wie möglich zu halten, müssen Sie dennoch hin und wieder aus Ihrem Alltag ausbrechen.

Ein Gedankenstau kann ebenfalls entstehen, wenn Sie die aufgenommenen Informationen falsch verarbeiten und Sie in einem Zusammenhang sehen, der eigentlich gar nicht angedacht war. In solchen Fällen hilft Ihnen eine extreme Variante der Subvokalisation – sprechen Sie leise mit, lesen Sie sich sozusagen den Text selbst vor. Selbstverständlich sind Sie dadurch langsamer, haben jedoch noch die Gelegenheit, Ihr Verständnis wieder zu verbessern, um nicht alles mehrfach lesen zu müssen.

9. Weitere Tipps für optimale Umsetzung

Wenn Sie Speed Reading erlernen möchten, gibt es neben den verschiedenen Methoden und Techniken natürlich auch noch weitere Hilfsmittel, derer Sie sich bedienen können. Indem Sie Ihre Konzentration so weit wie möglich steigern und für möglichst wenig Ablenkung sorgen, werden Ihre Gedanken automatisch auf dem Text ruhen und ausschließlich von hier Informationen sammeln und nicht von dem bunten Treiben um Sie herum. Sorgen Sie also für eine angenehme Leseumgebung und eine förderliche Sitzposition. Dabei ist es wichtig, aufrecht zu sitzen und etwa einen halben Meter Abstand zwischen Ihre Augen und das Buch zu bringen. Auch eine passende Beleuchtung ist von großer Relevanz, um Ihre Augen nicht zu überanstrengen.

Gerade wenn Sie sich noch in den Übungen befinden, sollten Sie sich eine zeitliche Begrenzung setzen. Ihr angeborener Ehrgeiz wird dafür sorgen, dass Sie sich automatisch mehr auf den Text konzentrieren und sich immer weiter zu steigern versuchen, um Ihr gesetztes Ziel zu erreichen. Das funktioniert schneller, wenn Sie für sich selbst eine Deadline festlegen – ich mache das übrigens beim Schreiben auch, um nicht versehentlich faul auf meinem Sofa zu liegen, sondern tatsächlich mit meinen Aufgaben voranzukommen. Sie kennen das Prinzip bestimmt noch aus der Schule, wenn Sie Präsentationen vorbereiten oder Hausarbeiten abgeben mussten. Es gibt immer diejenigen, die von Anfang an konstant arbeiten – und auf der anderen Seite Menschen wie mich, die zwei Wochen lang nichts machen und dann panisch innerhalb von drei Tagen das gesamte Pensum bewältigen. Hintergrund ist das besagte Zeitlimit, also die Frist, bis zu welchem Tag Sie Ihre Ergebnisse abliefern müssen. Hier werden Sie jedoch Ihren inneren Schweinehund bekämpfen müssen, da Ihnen nur konstantes und regelmäßiges Wiederholen auch Erfolge zusichern wird. Abgesehen von den Übungen zum Speed Reading können Sie, um Ihre Konzentrationsfähigkeit zu steigern, auch Kreuzworträtsel unter Zeit lösen oder alltägliche Aufgaben wie Hausarbeit mit solchen Begrenzungen versehen. Sie werden feststellen, dass Ihr eigener Ehrgeiz Ihnen dazu verhelfen wird, diese Aufgaben tatsächlich schneller zu meistern als bisher.

Gerade weil Speed Reading eine so anstrengende Aufgabe ist, sollten Sie ausgeruht sein. Genügend Schlaf und eine gute Ernährung sind also ebenso erforderlich, genauso wie die richtigen Techniken. Sind Sie hungrig oder müde, sind Sie automatisch weniger konzentriert und können niemals Ihre bestmöglichen Ziele erreichen. Unabhängig jeder Technik können Sie die Texte immer mit der gleichen Herangehensweise bearbeiten: Sie verschaffen sich zuerst einen Überblick über das Thema, indem Sie Überschriften, Inhaltsverzeichnis und Umfang ermitteln. Gegebenenfalls suchen Sie im Text bereits nach ersten Schlüsselwörtern oder sie fallen Ihnen automatisch auf. Diese können Sie gern bereits markieren oder auf einen Zettel schreiben. Anschließend können Sie mit der Grobstruktur arbeiten. Dazu lesen Sie von jedem Kapitel die ersten Absätze oder, bei kürzeren Texte, die ersten Sätze eines Abschnittes und notieren sich die wichtigsten Informationen.

Mit dieser Technik erweitern Sie den Blickwinkel auf den Text, ohne ihn bereits vollständig lesen zu müssen. Nun können Sie auch den gesamten Text lesen – vermeiden Sie dabei jedoch unnötiges Zurückspringen oder leises Mitsprechen und versuchen Sie, so viele Informationen wie möglich zu behalten. Gern können Sie nach jedem Absatz kurz pausieren und reflektieren. Ermitteln Sie die Kerngedanken und Schlüsselbegriffe – diese benötigen Sie zum Verständnis des gesamten Textes. Wenn Sie nicht alles verstehen, schreiben Sie die Begriffe oder Wortgruppen auf und versuchen Sie, diese zu paraphrasieren. Mithilfe dieser

Technik werden Sie sich auch ohne Fingerschwünge unwahrscheinlich schnell durch den Text arbeiten können. Beginnen Sie am Besten mit einem Sachbuch in einem großen Format – Sie werden es deutlich leichter haben, als wenn Sie zuerst versuchen sich durch ein Taschenbuch zu arbeiten, welches in Schriftgröße 8 geschrieben wurde. Je größer das Format ist, desto leichter fällt es Ihnen, einen Fokus und Arbeitsrhythmus zu finden.

Egal wie geübt Sie sind, es ist nahezu unmöglich jeden Text mit der gleichen Geschwindigkeit zu lesen. Selbst erfahrene Speed Reader müssen ihre Geschwindigkeiten anpassen, abhängig vom Thema des Textes. Passen Sie also Ihre Lesegeschwindigkeit variabel an, statt zulasten Ihres Verständnisses auf Zwang ein hohes Tempo beizubehalten. Werden Sie emotional angesprochen oder sind mit dem groben Inhalt bereits vertraut, werden Sie schneller lesen können, als wenn es sich um einen Artikel mit vielen Fachbegriffen oder rein wissenschaftlichen Strukturen handelt. Hierbei kann es Ihnen jedoch nützen, wenn Sie aktiv mit dem Text arbeiten. Ermitteln Sie einen Aufbau und lesen Sie selektiert immer nur bestimmte Abschnitte oder um die von Ihnen ausgewählten Schlüsselbegriffe herum, um sich einen Überblick zu verschaffen. Gern können Sie wichtige Begriffe farbig markieren oder unterstreichen, um sie später nicht wieder suchen zu müssen und Anhaltspunkte zu haben. Sind Sie zudem in der Lage, wenigstens einen Teil der Worte zu visualisieren, wird das den Vorgang der Nachvollziehbarkeit erheblich beschleunigen.

Verständnis und Kenntnis sind zwei Begriffe, die unmittelbar miteinander zusammenhängen. Indem Sie also Ihren Wortschatz erweitern, sei es dadurch, dass Sie mehr lesen oder sich in Ihrer Freizeit mit Kreuzworträtseln beschäftigen, sind Sie automatisch in einer vorteilhaften Position. Je mehr Wörter Sie verstehen, desto schneller lesen Sie. Die Wahrscheinlichkeit, dass Ihnen der Zusammenhang aufgrund mangelnder Kenntnis verloren geht, sinkt unwahrscheinlich. Infolge dessen müssen Sie Texte gegebenenfalls nicht mehrfach lesen, vermeiden Regressionen und umständliches Nachschlagen. Außerdem ist es förderlich für Ihr Selbstwertgefühl. Gerade wenn Sie beruflich lesen müssen, zeichnen Sie so Ihre Kompetenz aus.

Kennen Sie das Gesetz der erzwungenen Effizienz? Es besagt, dass Menschen unter Zeitdruck schneller und zuverlässiger arbeiten, als wenn Ihnen kein Limit vorgegeben wird. Durch die Deadline überlegen wir weniger, wenn es darum geht Entscheidungen zu treffen und wägen nicht stundenlang für und wider ab. Druck in egal welcher Form, zwingt uns dazu, die Dinge mit Bedacht zu wählen und den Fokus aufs Wesentliche zu konzentrieren. Sie werden es sicher auch selbst kennen. Gehen Sie beispielsweise mit dem Auto einkaufen, landen schon schnell mal zusätzliche Dinge im Wagen – ist ja auch kein Problem, immerhin können Sie anschließend alles gut verpacken und problemlos transportieren. Wenn Sie jedoch zu Fuß unterwegs sind, werden Sie genauer überlegen, welche Lebensmittel unbedingt notwendig sind. Schließlich müssen Sie alles, was Sie jetzt einpacken, auch noch aus eigener Kraft nach Hause tragen.

Dieses Prinzip können Sie für Ihre Lernvorgänge anwenden. Auch selbst gesetzte Zeiten werden Ihnen dabei helfen, effizienter zu arbeiten. Da diese Methode zum Zeitmanagement gehört und häufig in beruflicher Hinsicht angewandt wird, können Sie sich zwischen fünf verschiedenen Optionen entscheiden – je nachdem, welche für Sie am effektivsten ist. Die erste Möglichkeit besteht im klassischen Aufbau von Zeitdruck. Wenn Sie sich damit nicht zuerst am Lesen probieren möchten, können Sie auch alltägliche Aufgaben auswählen. Was halten Sie beispielsweise von 15 Minuten zum Staubsaugen, 20 Minuten für den Abwasch und eine halbe Stunde für den Einkauf? Ihr innerer Trieb wird automatisch dafür sorgen, dass Sie bestrebt sind, diese zeitliche Begrenzung auch einzuhalten. Selbstverständlich können Sie sich auch vornehmen, einen Text mit einem Umfang für eine halbe Stunde fünf Minuten schneller zu lesen – beachten Sie dennoch, dass Sie sich dabei nicht hetzen lassen sollten, sonst werden Sie sich nichts merken können. Als Hilfsmittel können Sie beispielsweise eine Stoppuhr nehmen.

Wenn Sie eine Deadline vorgegeben bekommen, kann es hilfreich sein, die Zeit rückwärts herunter zu rechnen. Ich habe beispielsweise eine Zeit lang mit sozialen Projekten gearbeitet, die innerhalb von vier bis acht Wochen erledigt sein mussten. Vier Wochen bedeuten, wenn man das Wochenende rausrechnet, lediglich 20 Tage. Das klingt schon nach deutlich weniger Zeit als ein Monat. Indem Sie die Tage so zurückrechnen, suggerieren Sie Ihrem Gehirn, dass die Zeit knapp und jede Minute wertvoll und notwendig ist. In Erweiterung dazu können Sie die zeitlichen Begrenzungen, die Ihnen vorgegeben werden, auch eigenständig anpassen und sie beispielsweise einige Tage nach vorn verlegen. So haben Sie im Zweifelsfall Gelegenheit, alles noch einmal zu überarbeiten und nachträglich zu korrigieren. Außerdem sieht es beim Chef deutlich positiver aus, wenn Sie nicht alles auf den letzten Drücker abgeben.

Verbindlichkeit nimmt Ihnen die Gelegenheit zu bummeln und sich in Kleinigkeiten zu verlieren. Ich lege mir oft direkt nach meinem Feierabend Termine, sodass ich nicht die Möglichkeit habe, Zeit hinten dran zu hängen. Im Umkehrschluss bin ich dadurch gezwungen, während der mir gegebenen Zeit effizienter zu arbeiten. Ein streng getakteter Tag kann Sie natürlich unter Stress setzen und das wäre nicht Sinn und Zweck der Sache. Indem Sie die Übungen aber beispielsweise fest in Ihren Tagesplan integrieren, geben Sie ein Zeitfenster vor, in dem Sie natürlich so viel wie möglich schaffen möchten.

Haben Sie sich auch schon einmal dabei ertappt, dass Sie im Hinblick auf das nahende Wochenende gern noch so viele Aufgaben wie möglich abschließen möchten? Abgesehen von sportlichen Übungen nutzen die meisten Menschen ihre freie Zeit um zu entspannen, abzuschalten und den Kopf frei zu kriegen. Ein letzter Trick der gezwungenen Effizienz besteht darin, aus jedem Tag einen Freitag zu machen. Wenn Sie sich seit zwei Wochen mit der gleichen Technik rumärgern und irgendwie nicht so richtig den Dreh raus bekommen, geben Sie sich innerlich vor, dass Sie nur noch heute die Möglichkeit haben, das endlich zu meistern und ansonsten etwas anderes probieren müssen.

Bei allen Versuchen und egal wie motiviert Sie sind, Sie werden dennoch immer wieder Rückschläge erleiden. Führen Sie sich in solchen Situationen vor Augen, dass Niederlagen zum Erfolg dazugehören. Ich kenne keinen einzigen erfolgreichen Geschäftsmann, der mit dem goldenen Löffel im Mund geboren wurde und immer nur gewinnen konnte. Jeder musste sich ausprobieren, um zu ermitteln, welche Taktik am besten passt und funktioniert. Genauso wird es Ihnen auch ergehen. Versuchen Sie, es von dieser Seite zu sehen: Sie werden niemals wissen, ob Sie erfolgreich sein könnten, wenn Sie es nicht zumindest probiert haben.

10. Techniken und Übungen, um Speed Reading zu perfektionieren

10.1 Übungen zur Steigerung der Lesegeschwindigkeit und des Leseverständnisses

Speed Reading arbeitet, egal in welcher Variante, mit einem wichtigen Hilfsmittel: Ihrem Finger. Er dient als sogenannter "Schrittmacher" und hilft Ihren Augen dabei, sich über den gesamten Text hinweg eine gewisse Struktur zu erarbeiten. Gerade zu Anfang ist es jedoch schwierig, mit den verschiedenen Formen von Fingerschwüngen und wellenartigen Bewegungen zurechtzukommen. Daher empfehle ich Ihnen, Ihren Finger tatsächlich linear, also Zeile für Zeile, über den Text wandern zu lassen. Unabhängig von der Verwendung Ihrer Hände existieren weitere Möglichkeiten, Ihre reine Geschwindigkeit zu erhöhen. Diese können Sie anschließend beliebig mit verschiedenen Übungen des Schrittmachers erweitern. Wie ich Ihnen jedoch geklärt habe, geht es zuerst um Geschwindigkeit und anschließend um Verständnis.

10.1.1 Das optische Zeilenlesen

Das gerade eben beschriebene Prinzip wird auch beim optischen Zeilenlesen, also einer abgeschwächten Form des tatsächlichen Speed Reading, angewandt. Um Ihre Geschwindigkeit effektiv zu beschleunigen, können Sie Ihren Finger bereits vor dem tatsächlichen Ende der Zeile auf die Folgende wechseln lassen. Ihre Sichtweite reicht aus, um einige Wörter wahrzunehmen ohne sie gezielt betrachten zu müssen. Versuchen Sie, den Finger so schnell über eine Zeile wandern zu lassen, dass Sie nicht mehr als anderthalb Sekunden benötigen. Wie gesagt, Ihr

Auge folgt dem Finger automatisch. Wären Sie bereits ein geübter Geschwindigkeitsleser, würden Sie so zwischen 500 bis 600 Wörter pro Minute lesen können. Zu Anfang werden Sie dem gelesenen Text nahezu keinen Sinn entnehmen können – das ist allerdings nicht weiter tragisch und auch gar nicht Grund dieser Übung. Es geht lediglich darum, Ihr Hirn an die Geschwindigkeit zu gewöhnen. Wiederholen Sie diese Übung täglich für zehn bis fünfzehn Minuten, und zwar so lange, bis Sie die Wörter tatsächlich erkennen. Ich wiederhole noch einmal, dass es hier nicht darum geht, sie auch zu verstehen oder gedanklich zu speichern.

10.1.2 Das Intervalltraining

Eine weitere häufig genutzte Übung besteht darin, eine Minute normal schnell zu lesen und eine darauf folgende Minute in der doppelten Geschwindigkeit. Da es sich nur um eine kurze Zeitspanne handelt, wird Ihr Gehirn versuchen mit der erhöhten Geschwindigkeit mitzukommen. Gehen Sie nun zurück auf Ihren gewohnten Leserhythmus, wird Ihnen das sehr langsam vorkommen. Es verhält sich so, als wenn Sie mit 150 km/h über die Autobahn fahren und diese nun verlassen und im Stadtverkehr fahren. Die vorgeschriebenen 50 km/h kommen Ihnen plötzlich unwahrscheinlich langsam vor – aus diesem Grund stehen nach Autobahnen gern Blitzer, da die Leute hier dazu tendieren aus Gewohnheit schneller zu fahren.

Das Gehirn ist nach Gewohnheit trainiert – allerdings ist es mühelos in der Lage, diese Gewohnheit anzupassen. Diese Eigenschaft können Sie sich zunutze machen und so Stück für Stück Ihre Lesegeschwindigkeit steigern. Gleichzeitig entsteht durch diese Art von Übung eine Art Dringlichkeitsgefühl in Ihrem Denken. Während Sie Ihre Lesegeschwindigkeit also verlangsamen arbeitet Ihr Hirn weiter auf höchsten Touren und verarbeitet dementsprechend Informationen und Daten erheblich schneller – Sie lesen dadurch automatisch mit höherer Geschwindigkeit, da Sie sich auf den Text konzentrieren und vom Gehirn das Signal bekommen, dass noch Kapazitäten frei sind und es nicht ausgelastet ist.

10.1.3 Die SQ3R- Methode

Eine häufig angewandte Technik zum effektiven und aktiven Lesen und Verstehen eines Textes nennt sich SQ3R-Methode. Entwickelt wurde sie von dem pädagogischen Psychologen Francis P. Robinson und bereits im Jahr 1946 erstmalig vorgestellt. Die Abkürzung "SQ3R" steht für die Reihenfolge, in der man einen Text oder sogar ein gesamtes Buch bearbeiten soll. Die Buchstaben und Zahlen stehen für die Begriffe survey, question, read, recite und review. Survey bedeutet Überblick. Sie sollen sich also, bevor Sie einen Text anfangen zu lesen, erst einmal die Struktur ansehen. Durch Überschriften und den Aufbau von Textabschnitten gewinnen Sie einen groben Anhaltspunkt zum Zusammenhang des Textes. Nun folgt der zweite Schritt namens question. Sie sollen als Leser also aktiv werden und sich Fragen überlegen, deren Antwort Sie im Text zu hoffen finden. Auf diese Art und Weise wird Ihr Gehirn dazu angeregt, aktiv mitzuarbeiten, da es nun ein Ziel hat, aus welchem es diesen Text lesen muss. Der dritte Punkt, also read, ist der wichtigste Abschnitt. Sie lesen den Text nun Abschnitt für Abschnitt. Gern können Sie Schlüsselwörter oder Informationen, die Ihrer Meinung nach besonders wichtig sind, farbig markieren oder unterstreichen.

Hier geht es nicht nur darum zu lesen, sondern auch zu verstehen. Das Lesen steht im direkten Zusammenhang mit dem vierten Abschnitt, also dem Punkt recite. Übersetzt bedeutet der Begriff wiedergeben – Sie sollten nach jedem gelesenen Absatz darüber nachdenken, welche Informationen für Sie relevant gewesen sind und wie sie miteinander im Zusammenhang stehen, beziehungsweise Ihre anfangs ermittelten Fragen beantworten. Nachdem Sie mehrere Abschnitte gelesen und reflektiert haben, können Sie Ihre Gedanken auch schriftlich zusammenfassen oder beispielsweise eine Mind Map erstellen. Der letzte Punkt, das review, also der Rückblick, soll Ihnen dabei helfen, sich kurz Zeit zu nehmen und den gesamten Kontext des Textes zu betrachten. Denken Sie darüber nach, was Sie von dem, was Sie gerade gelesen haben, aktiv anwenden können und was Ihnen die Informationen nützen. Der große Vorteil dieser Methode besteht darin, dass das Verständnis durch permanente Reflexion enorm gesteigert wird und Sie sich die gewonnenen Informationen zuverlässig merken können. Im Bezug auf das Speed Reading wird die Technik gern als zu langwierig und zeitaufwendig kritisiert. Es handelt sich jedoch um einen Irrglauben, dass es beim Speed Reading ausschließlich darum geht möglichst schnell einen Text überfliegen zu können, sondern vielmehr darum, ihn so schnell wie möglich zu verstehen. Sie sparen also im Zweifelsfall bei dieser Methode dadurch Zeit, dass Sie nicht alles fünfmal lesen müssen, sondern es sofort verstehen.

10.1.4 Die Michelmann-Methode

Ebenfalls wissenschaftlich fundiert ist die Methode "Hochgeschwindigkeitstraining von Anfang an", welche von dem Ehepaar Michelmann gegründet wurde. Sie gehen davon aus, dass ein durchschnittlicher Leser Texte mit 240 Wörtern pro Minute bearbeitet. Für dieses Training beginnen Sie mit der zehnfachen Geschwindigkeit, also 2.400 Wörtern pro Minute. Diese Geschwindigkeit soll noch einmal verdoppelt werden und nach einigen Wochen erneut, bis Sie bei 10.000 Wörtern angelangt sind. Hat sich nach einigen Wochen ein gewisses Lesegefühl eingestellt, verlangsamen Sie sich wieder auf 2.400 Wörter und können nun in erhöhter Geschwindigkeit, aber dennoch bei vollem Verständnis lesen. Dieses Training folgt einem bestimmten Rhythmus. Ein Mal pro Woche üben Sie, am besten mit jemandem, der diese Technik bereits beherrscht, die Fingerschwünge.

Davon unabhängig trainieren Sie im Selbststudium etwa eine halbe Stunde pro Tag sowohl das Lesen als auch das richtige Nutzen Ihrer Finger. In der ersten Woche üben Sie den Slalom-Fingerschwung, dessen anwendungsweise ich Ihnen weiter unten erkläre, mit einer

Geschwindigkeit von 2.400 Wörtern pro Minute. Ihr Verständnis liegt dabei ungefähr bei null. In der zweiten Woche verdoppeln Sie die Geschwindigkeit unter Verwendung der gleichen Fingertechnik. Das Verständnis steigert sich nicht, das ist aber auch nicht Sinn und Zweck dieser Übung. In der dritten Woche wird die Geschwindigkeit auf 10.000 Wörter pro Minute gesteigert – da Sie hier mit dem Slalom-Fingerschwung nicht mehr hinterherkommen würden, wechseln Sie zu dem Schleifen-Fingerschwung. Sie werden den Text nach wie vor wenig bis gar nicht verstehen, allerdings stellt sich hier nach einigen Wochen eine Art Lesegefühl und ein Rhythmus ein. Sobald Sie diesen erreicht haben und noch einige Tage festigen, können Sie die Geschwindigkeit wieder auf 2.400 Wörter pro Minute verlangsamen.

Hier sollte sich bei Ihnen ein gewisses Textverständnis einstellen. In den folgenden Wochen festigen Sie diese Fähigkeiten, variieren zwischen den Tempi und können gleichzeitig, sozusagen als Abwechslung, das optische Zeilenlesen üben. Dieses Training kann man auch buchen, sodass Sie es mit professioneller Begleitung absolvieren. Im Selbststudium könnten Sie bereits durch die Geschwindigkeitsmessung Probleme bekommen, da Sie mit Lesen beschäftigt sein werden.

10.1.5 Centered Learning

Diese Technik trainiert Sie vor allem darin, schneller zu lesen. Sie gilt als Hintergrundübung, die Ihr Gehirn dazu umstrukturieren soll, sich beim späteren normalen Lesen schneller durch den Text arbeiten zu können. Dennoch geht es nicht darum, dass Sie aus dem Nichts alle Texte schneller lesen können – Sie sollen Ihre Lesegeschwindigkeit immer an den jeweiligen Text anpassen. Diese Flexibilität ist notwendig, um bei Bedarf oder bei bestimmten Textformaten wie einem Roman langsam und entspannt lesen zu können.

Bevor Sie mit dieser Technik beginnen, nehmen Sie sich die Zeit, sich zu entspannen. Jede Leseübung ist von innerer Ruhe und Gelassenheit abhängig. Setzen Sie sich also an einen Ort Ihrer Wahl, schließen Sie die Augen und atmen Sie einige Male tief durch. Entfernen Sie alles, was Sie in Ihrer Ruhe stören könnte – Technik, Haustiere und auch Familienangehörige oder Partner können dazugehören.

Sobald Sie so weit sind, nehmen Sie sich ein Buch Ihrer Wahl und schlagen eine beliebige Seite auf. Nun positionieren Sie Ihre Hand auf eine bestimmte Art und Weise. Sie legen alle Finger senkrecht auf die Seite und bilden mit dem Daumen eine Art Ecke oder spitzen Winkel, je nachdem wie es für Sie bequem ist. Ihr Daumen bildet bei dieser Übung den Schrittmacher. Dementsprechend bewegt sich Ihr Daumen von links nach rechts unterhalb der Zeile entlang. Die Wörter, die Sie bereits gelesen haben werden währenddessen von Ihren anderen Fingern verdeckt. Die Geschwindigkeit, mit der Sie Ihre Hand bewegen, kann variabel angepasst werden. So können Sie beispielsweise auch testen, wo sich Ihre Verständnisgrenze befindet. Das optimale Tempo für diese Übung liegt bei einer Geschwindigkeit, die sich minimal über Ihrem Verständnis befindet, aber noch unterhalb der Grenze liegt, bei dem der Text vor Ihren Augen verschwimmt. Üblicherweise benötigen Sie so pro Zeile etwa eine Sekunde.

Auch hier gilt – Übung macht den Meister. Je öfter Sie auf diese Art und Weise trainieren, desto mehr steigt Ihr Verständnis und Sie werden tatsächlich anfangen können zu verstehen, was Sie in so kurzer Zeit aufnehmen. Sie sollten diese Übung jedoch nicht länger als drei Minuten pro Tag absolvieren und sich anschließend eine Pause zum Ruhen gönnen.

10.2 ÜBUNGEN DES "SCHRITTMACHERS" UND DER AUGEN

Wenn Sie sich dafür entscheiden, gezielt Ihren Finger als Hilfsmittel zu benutzen, bieten sich Ihnen auch in diesem Fall verschiedene Möglichkeiten. Ich kann es Ihnen auch wirklich empfehlen, da Ihr Auge so eine

Hilfslinie erhält und sich nicht wahllos im Text verliert. Versuchen Sie einmal, nur mit den Augen gedanklich ein Viereck zu zeichnen – ein schwieriges Unterfangen. Nehmen Sie jedoch Ihren Finger als Hilfsmittel, wird Ihnen die gleiche Aufgabe erheblich leichter fallen.

Beim Geschwindigkeitslesen bieten sich Ihnen vielfältige Varianten, um Ihre Finger als Hilfsmittel zu nutzen und sich so durch den Text zu arbeiten. Welche der Möglichkeiten Sie nutzen, hängt ganz von Ihnen ab – je nachdem, womit Sie sich am wohlsten fühlen. Es wird Ihnen keine Punkte bringen, wenn Sie erzwungene Techniken probieren, die sich für Sie unnatürlich anfühlen. Deshalb möchte ich Ihnen mehrere Möglichkeiten präsentieren, von denen Sie sich die eine oder andere aussuchen können. Grundlegend wird Ihnen das reine Verwenden Ihrer Hände beim Lesen des Textes schon dabei helfen zu erkennen, dass ein Großteil der Wörter Füllwörter sind. Lediglich bei einem kleinen Anteil handelt es sich um Schlüsselwörter – also die Begriffe, die Sie tatsächlich für Ihr Verständnis und die Antwort Ihrer Fragen benötigen.

10.2.1 Das Fixationslesen

Ich hatte Ihnen ja erklärt, dass eine abgeschwächte Form des Speed Reading auch optisches Zeilenlesen genannt wird. Vor allem bei älteren Menschen werden Sie sicherlich bereits beobachtet haben, dass Sie von vorneherein gern Ihren Finger als Hilfsmittel nutzen, um sich nicht zwischen den Zeilen zu verlieren. Um diese Technik beim Schnelllesen anwenden zu können, gibt es eine sehr einfache Übungsaufgabe: Nehmen Sie sich ein Buch, das Sie bereits kennen – gern auch Ihr Lieblingsbuch, das Sie abends in der Badewanne oder im Bett vor dem Einschlafen lesen – öffnen Sie eine beliebige Seite und drehen Sie es auf den Kopf. Ihnen wird sicher klar sein, dass Sie so nichts verstehen können, aber keine Sorge, auch hier geht es zuerst um ein Verständnis der Geschwindigkeit und nicht darum, den Text zu verinnerlichen. Nun legen Sie Ihren Finger auf den Anfang der ersten Zeile und bewegen ihn so schnell wie möglich zum Ende, wechseln zur nächsten Zeile und so weiter. Wichtig ist, dass Ihre Augen Ihrem Finger noch folgen können müssen und dass Sie die ganze Zeit eine normale und ruhige Atmung beibehalten. Geschwindigkeit suggeriert meist Stress, Sie sollen sich jedoch auf keinen Fall in eine Stresssituation begeben.

Die Auswirkungen für Ihren Lernerfolg wären fatal. Egal wohin Ihr Finger wandert, Ihre Augen müssen dieser Bewegung folgen. Nach fünf Minuten haben Sie die Übung beendet. Sie dürfen kurz zwei Minuten Pause machen, wiederholen das Ganze danach jedoch ein zweites Mal. Bei dieser Wiederholung drehen Sie Ihr Buch vor Beginn wieder richtig herum – dennoch geht es auch hier nicht darum, den Text zu verstehen oder zu verinnerlichen, sondern lediglich darum, dass Ihre Augen Ihrem Finger folgen können. Indem Sie diese Übung täglich wiederholen, wird Ihr Verständnis des Textes zunehmend steigen. Da es sich um einen bekannten Text handelt, sind bis zu achtzig Prozent Verständnis möglich. Denken Sie jedoch immer daran, nicht auf vorangegangene Passagen zurückzuspringen, sondern Ihr Tempo stetig, vor allem aber mit ruhiger Atmung, beizubehalten.

Alternativ dazu können Sie Ihrem Auge auch anderweitig dabei helfen, sich weniger Fixationspunkte pro Zeile zu suchen. Als Hilfsmittel können Sie dazu eine durchsichtige Folie nutzen: Zeichnen Sie, jeweils am Anfang und Ende einer Zeile, zum Beispiel beim zweiten oder dritten Wort, einen Punkt und verbinden Sie diese beiden mit einer Linie. Das wiederholen Sie für mehrere Zeilen und legen diese Folie so, dass Sie unterhalb der Zeilen liegt. Konzentrieren Sie sich beim Lesen nun darauf, ausschließlich die Punkte kurz zu fixieren und die Wörter, die Sie sozusagen unterstrichen haben.

Bei A4-Seiten können Sie gern mehrere dieser Punkte pro Seite setzen, indem Sie zwei miteinander verbinden, anschließend einige Wörter frei lassen und sich für den Rest der Zeile erneut eine Hilfslinie zeichnen. Nach einiger Übung werden Sie diese Linien nicht mehr brauchen und

Ihr Finger kann nun deren Position einnehmen.

10.2.2 Der beidseitige Schrittmacher

Diese Technik zeichnet sich im Besonderen dadurch aus, dass Sie zwei Finger benötigen, um sie wirkungsvoll einzusetzen. Sie eignet sich für Anfänger, da nur diese Technik Ihrem Gehirn erlaubt, Fixationspunkte frei zu entscheiden und Sie mit den Fingern lediglich die Geschwindigkeit, nicht jedoch die Richtung vorgeben. Es kann also eigenständig entscheiden, welche Stellen von Bedeutung sind, um dort kurz anzuhalten, ohne dass es von Ihrem Schrittmacher vorgegeben wird. Um Sie anzuwenden legen Sie jeweils einen Finger an den linken und den rechten Rand Ihres zu lesenden Textes und bewegen diese parallel abwärts. Die Geschwindigkeit, die Sie maximal erreichen können, ist davon abhängig, wie schnell Ihre Augen Ihren Fingern folgen können. Wichtig ist, dass Ihre Augen sich immer zwischen Ihren Fingern befinden und nicht darüber hängen bleiben oder Sie sogar schneller lesen und sich schon viel weiter unten befinden. Sie müssen jedoch nicht konstant die gleiche Geschwindigkeit beibehalten – befinden Sie sich in einem für Sie leichten Abschnitt oder bei Informationen, die für Sie keine Bedeutung haben, können Sie das Tempo gern beschleunigen und wieder langsamer werden, sobald Sie merken, dass Sie nicht mehr hinterherkommen. Sie sollen sich nicht hetzen, sondern nur das Bestmögliche erreichen.

10.2.3 Die S-Methode

Eine weitere Technik nennt man auch "S-Methode". Hierbei beginnen Sie, beispielsweise mit dem Zeigefinger, am Anfang eines Textes. Sie verfolgen die erste Zeile und schwenken anschließend zurück in die andere Richtung. Sie bewegen Ihren Finger also immer so über den Text, als würden Sie den Buchstaben S malen wollen. Bildlich gesprochen gehen Sie erst geradeaus, machen anschließend eine 180 Grad Drehung nach rechts und gehen zurück, um anschließend mit einer 180 Grad

Drehung nach links wieder die Richtung zu wechseln – und zwar so lange, bis Sie das Ende des Textes oder Textabschnittes erreicht haben. Zwischen einem Schwung und dem nächsten sollte nicht mehr als eine Sekunde liegen. Welchen Abstand Sie wählen, hängt ganz von Ihrem Übungsgrad und der Schwierigkeit des Textes ab. Sie können so jede Zeile einzeln bearbeiten oder drei bis vier Zeilen überspringen. Diese Technik können Sie auch einsetzen, wenn Sie ein bestimmtes Wort innerhalb eines Textes suchen. Als Sonderform bezeichnet man sie dann als Suchworttechnik. In diesem Fall ist es hilfreich, wenn Sie das gesuchte Wort die ganze Zeit lautlos mitsprechen – so konditionieren Sie Ihr Gehirn für die Suche. Wenn Ihr Finger, beziehungsweise Ihre Augen, das gesuchte Wort gefunden haben, werden sie dort ganz automatisch anhalten.

10.2.4 Der Slalom-Fingerschwung

Der Suchworttechnik sehr ähnlich, jedoch dazu ausgelegt den gesamten Text zu verstehen ist der "Slalom-Fingerschwung". Hierbei führt Sie Ihr Finger vom Anfang der ersten Zeile diagonal zum Ende der zweiten Zeile, anschließend zum Anfang der dritten Zeile, zum Ende der vierten Zeile und so weiter. Für den Anfang eignen sich Spaltentexte, wie Sie sie in Zeitungsartikeln finden, gut, um diese Technik zu üben, da die Zeilen nicht besonders lang sind. Bei einfachen Texten oder Themen, die Ihnen bereits bekannt sind, können Sie auch Zeilen überspringen und beispielsweise vom Anfang der ersten Zeile zum Ende der dritten Zeile wechseln. Wenn Sie diese Technik üben, steigern Sie langsam Ihr Tempo, bis Sie merken, dass Sie nichts mehr verstehen. Sie können so die Geschwindigkeit Stück für Stück steigern. Oder Sie beginnen umgekehrt mit einer hohen Geschwindigkeit und lesen so für eine Minute, lesen anschließend eine Minute langsam und dann wieder eine Minute schnell. Die Funktionsweise des Intervalltrainings lässt sich auf jede Lesetechnik aneignen.

10.2.5 Das Insellesen

Bei dieser Technik arbeiten Ihre Finger ausnahmsweise nicht linear. Sie eignet sich vor allem für breite Zeilen und Blocktexte, um schnell und zuverlässig die Schlüsselbegriffe zu ermitteln. Wie es der Name bereits sagt, malen Sie mit dem Finger kleine Inseln, also Ovale über drei bis fünf Zeilen des Textes aber jeweils nur über ein Drittel oder die Hälfte der gesamten Zeilenbreite. Ihre Augen nehmen automatisch alle Wörter und Informationen auf, die sich innerhalb eines Ovals befinden. Haben Sie sich über die gesamte Breite der Zeilen gearbeitet, wechseln Sie auf eine tiefere Ebene und zeichnen neue Inseln – diese dürfen sich auch gern überschneiden. Das vermindert das Risiko, dass Denklücken entstehen können. Ihr Gehirn sucht sich in der ersten Insel Fixationspunkte und verbindet Sie mit den Informationen, die es dem zweiten Oval entnimmt. Dementsprechend muss Ihre Geschwindigkeit ausreichend sein, damit Sie die vorhandenen Schlüsselwörter aus dem ersten Abschnitt noch im Kurzzeitgedächtnis behalten haben. Andernfalls werden Sie dem Text keine brauchbaren Informationen entnehmen können. Im besten Fall liegen zwischen den zwei verschiedenen Ovalen nicht mehr als eine oder zwei Sekunden. Je schneller Sie sind, umso besser kann Ihr Gehirn die Informationen miteinander verbinden.

10.2.6 Der Zwei-Zeilen-Schwung

Bei dieser Technik ist es wichtig, dass Sie sich pro gelesene Zeile wenigstens zwei Fixationspunkte suchen. Der Name rührt daher, dass Sie nicht jede Zeile einzeln lesen, sondern immer jeweils eine überspringen – Sie nehmen also immer zwei Zeilen auf einmal an Informationen auf. Den zweiten Fixationspunkt benötigen Sie, damit Ihr Gehirn eine sinnvolle Information verarbeiten kann – andernfalls würden zu viele Lücken entstehen und der Sinn würde Ihnen verloren gehen. Wichtig ist bei dieser Technik ebenfalls, dass Sie vom Ende einer Zeile diagonal zum Anfang der übernächsten Zeile wechseln. Auf diese Art und Weise kann Ihr

Auge zwar nicht fixieren, da Sie von rechts nach links lesen müssten, Sie nehmen aber die Wörter unbewusst auf und speichern Sie kurzfristig mithilfe Ihres peripheren Sehens ab. Die Funktionsweise ist der des Insellesens recht ähnlich, da Sie erst mit der zweiten Fixation wirklich erfolgreich Informationen erhalten, die Ihr Gehirn anschließend verarbeiten kann. Der einzige Unterschied besteht darin, dass Sie sich nicht kreisförmig, sondern linear durch einen Text arbeiten.

Die erweiterte Form zu diesem Prinzip nennt sich variabler Zeilenschwung. Hier wechseln Sie den Abstand zwischen den Zeilen beliebig, je nachdem ob die jeweilige Passage wichtig oder unwichtig für das Verständnis und die Beantwortung Ihrer vorhandenen Fragen ist. Dementsprechend kann erst eine Zeile und anschließend wieder fünf Zeilen Abstand dazwischen liegen.

10.2.7 Die vertikale Welle

Diese Technik sieht vor allem für einen Beobachter sehr interessant und irgendwie lustig aus, da es so wirkt als würden Sie ausschließlich die Mitte eines Textes lesen. Sie eignet sich vor allem für schmal gestaltete Texte, die in Spalten niedergeschrieben wurden oder mit großen Buchstaben versehen sind, sodass eine Zeile nicht so voll ist. Bei dieser Technik nutzen Sie das maximal Mögliche Ihres Sehvermögens aus, da Sie sowohl horizontal als auch vertikal lesen. Setzen Sie Ihren Finger etwas links mittig versetzt auf die erste Zeile des Textes und führen Sie ihn nun in Wellenbewegungen, also immer nach rechts und anschließend nach links ausschwingend, nach unten. Dabei müssen Sie nicht die gesamte Breite der Seite nutzen. Ihre Augen folgen diesen gleichmäßigen Wellen und arbeiten sich so, vom Mittelteil des Textes ausgehend, nach unten. Diese Technik bedarf einiger Übung, da Sie sowohl vorwärts als auch rückwärts lesen müssen, um Ihre Informationen zu erhalten. Ich kann Ihnen nur empfehlen, sich vorab Fragen zu überlegen, deren Antwort Sie im Text zu finden hoffen. Mit diesem einfachen Trick ist Ihr Gehirn fokussierter und filtert alle wichtigen Wörter, die damit im Zusammenhang stehen, ohne sich in der Wellenbewegung zu verlieren.

10.2.8 Das "große S"

Diese Übung ist für Fortgeschrittene geeignet, da sie Einheiten aus dem Slalomlesen, der vertikalen Welle und der S-Methode miteinander verbindet. Gleichzeitig eignet Sie sich vor allem dann, wenn Sie sich einen Überblick verschaffen möchten. Es ist sehr schwer, mit dieser Methode großes Verständnis des gesamten Textes beziehungsweise seines detaillierten Inhaltes zu erlangen. Sie teilen das zu Lesende in fünf etwa gleich große Abschnitte auf und wandern anschließend mit dem Finger in genau fünf vertikalen, also von oben nach unten, Wellen oder Schwüngen über den gesamten Text. Wie auch zuvor werden Ihre Augen sich entlang dieser gedachten Linie Fixationspunkte suchen. Es gibt Geschwindigkeitsleser mit jahrelanger Übung, die diese Technik bei einfachen oder bekannten Texten anwenden. Sie schaffen es, pro Abwärtsbewegung nicht mehr als zwei Fixationspunkte zu suchen und diese für maximal eine Sekunde zu betrachten. Dementsprechend benötigen Sie zwischen fünf bis zehn Sekunden, um eine gesamte Seite zu lesen. Hier steckt jedoch, wie gesagt, jahrelange Übung dahinter. Dennoch kann ich diese Technik zum Überfliegen eines Textes sehr empfehlen da, Sie Ihnen auch hier enorm viel Zeit einsparen.

10.2.9 Die Spiraltechnik

Auch diese Art, einen Text zu bearbeiten. handelt sich eher als Möglichkeit um erste Anhaltspunkte zum Inhalt zu gewinnen, nicht aber um ihn tatsächlich zu lesen. Wenn Sie bereits einige Schlüsselwörter im Kopf haben, nach denen Sie lediglich suchen möchten – also ähnlich wie bei der erweiterten Möglichkeit der S-Methode – können Sie so alles am besten überfliegen. Gleichzeitig vermeiden Sie es, sich in irrelevanten Passagen festzulesen, um nach Informationen zu suchen, die Sie dort gar nicht finden können. Das Lesen ist deshalb nicht möglich, da Ihr Gehirn aufgrund der Fingerbewegungen gar nicht in der Lage ist, die Informationen chronologisch zu ordnen. Wie ich Ihnen jedoch erklärt habe, geht es hier nicht nur darum, die Technik des Lesens selbst zu beherrschen, sondern auch darum, es so schnell und effektiv wie möglich vorzubereiten – womit diese Methode wieder ins Spiel kommt. Sie beginnen am Anfang des Textes und wandern zunächst mit Ihrem Finger linear über die erste Zeile. Sind Sie am Ende angelangt, fahren Sie am rechten Seitenrand bis zum Ende des Textes. Nun gehen Sie auf der letzten Zeile wieder zurück nach links und anschließend nach oben, sodass Sie eine Spirale bilden, bis Sie am Ende in der Mitte des Textes angelangt sind. Ihr Auge sucht die Fixierungspunkte und arbeitet sich so systematisch und gezielt durch den gesamten Inhalt.

11. Einfach erklärt – Speed Reading in neun Schritten

Sie haben mittlerweile über 20 Seiten zu diesem umfangreichen Thema gelesen und sicherlich eine Menge Informationen daraus gewinnen können. Ich war anfangs von der Flut an Möglichkeiten ein wenig überfordert – so als müsse ich eine Rechenaufgabe lösen und mir würden zig verschiedene Rechenwege vorgeschlagen. Glücklicherweise gibt es die Möglichkeit einer recht einfach gehaltenen Zusammenfassung, die Sie beliebig mit den diversen Techniken erweitern können. Um Ihnen eine Art Übersicht zu schaffen, habe ich Ihnen die neun wichtigsten Schritte kurz zusammen gefasst. Somit können Sie, unabhängig von diversen weiteren Ratgebern und Techniken, einen Rhythmus finden und ihn, je nach Belieben, variabel modifizieren.

Grundlegend sollten Sie jedoch, egal für welche Technik und Anwendungsart Sie sich entscheiden, einige wichtige Punkte beachten. Denken Sie daran, sich Pausen zu gönnen – jede Form von Unterrichtsstunde und Trainingseinheit dauert selten länger als 30 bis 60 Minuten. Auch beim Erlernen des Speed Reading sollten Sie diese Zeitspanne nicht überschreiten.

Ab einem gewissen Punkt ist das Gehirn nicht mehr in der Lage, neue Informationen aufzunehmen und schaltet gedanklich ab. Gönnen Sie sich also regelmäßige Pausen. Gleichzeitig entlasten Sie so Ihre Augen, da auch diese bei den Übungen stark beansprucht werden. Außerdem möchte ich Ihnen davon abraten, die Übungen spät abends im Bett durchzuführen. Wenn Sie den ganzen Tag unterwegs oder arbeiten waren, sind Sie ebenfalls weniger konzentriert. Nutzen Sie einen hellen, gut ausgeleuchteten Raum und führen Sie die Übungen am besten morgens nach dem Frühstück durch. Dann sind Sie ausgeruht und voller Energie und können noch den vollen Umfang Ihrer Leistung beanspruchen. Sollte es bei Ihnen geräuschvoll sein, stecken Sie sich zur Not Ohrstöpsel in die Ohren, um für etwas mehr Ruhe zu sorgen.

Da es beim Speed Reading auch darum geht, Ihre Lesetechnik zu modifizieren, denken Sie immer daran, einen Schritt nach dem anderen abzuarbeiten. Versuchen Sie sich beispielsweise gleichzeitig an der Vermeidung der Subvokalisation und schnellerem Lesen, überfordern Sie damit Ihr Gehirn. Das wird dazu führen, dass Sie entweder schneller lesen, aber nichts mehr verstehen, oder zwar nicht mehr leise mitsprechen, dafür aber auch nicht schneller lesen können. Bei aller Motivation müssen Sie lernen, dass Sie sich in kleinen Schritten deutlich erfolgreicher vorwärts bewegen werden.

11.1 NICHT MIT SICH SELBST SPRECHEN

Die Gefährlichkeit des Subvokalisierens habe ich Ihnen ja bereits ausgiebig erklärt. Sie werden nicht drum herum kommen, sich diese Eigenschaft abgewöhnen zu müssen. Abgesehen von der Möglichkeit, eine Melodie zu summen, können Sie auch Kaugummi kauen, während Sie ein Buch oder einen Text lesen. Subvokalisation hilft Ihrem Gehirn, sich den Text zu merken – es schränkt jedoch Ihre Lesegeschwindigkeit erheblich ein. Alternativ können Sie sich die Hand auf den Mund legen, wenn Sie die Worte tatsächlich leise mitsprechen.

11.2 BEREITS GELESENES ABDECKEN

Die zweite Lesebremse neben der Subvokalisation ist die Regression, also das Zurückspringen auf bereits gelesene Textpassagen. Dies geschieht meist unbewusst und vor allem dann, wenn Sie der Meinung sind, etwas nicht verstanden haben. Sie werden die Antwort dennoch nicht in den Abschnitten finden, auf die Sie zurückspringen. Decken Sie alles, was Sie bereits gelesen haben, einfach ab – somit nehmen Sie Ihren

Augen die Möglichkeit, sich irgendwo im Text zu verlieren. Gleichzeitig arbeitet Ihr Gehirn dadurch aktiver, da es darauf angewiesen ist sich alles zu merken, ohne es erneut nachlesen zu können.

11.3 VERSTÄNDNIS DER AUGEN

Als rationelle Lesetechnik beinhaltet Speed Reading nicht nur die Steigerung der Geschwindigkeit beim Lesevorgang selbst. Sie müssen die Vorgänge verstehen, die in Ihrem Körper während des Lesens ablaufen. Es ist vergleichbar mit einer Sportart – Sie können sich zwar stundenlang Fußballspiele ansehen und sämtliche Regeln theoretisch beherrschen, solange Sie jedoch nicht wissen wie Sie einen Fuß vor den anderen setzen und in welchem Winkel Sie Ihr Bein drehen müssen, um den Ball auch tatsächlich ins Tor zu bekommen, werden Sie beim Selbstversuch kläglich scheitern. Ihre Augen bewegen sich nicht fließend über den Text, auch wenn es Ihnen so vorkommen mag. Stattdessen wechseln sie ruckartig von einem Punkt zum nächsten, verweilen kurz und suchen sich anschließend die nächste Stelle.
Nur während dieses kurzen Verweilens sind Sie in der Lage, Informationen in Ihr Gehirn zu übertragen.
Die Anzahl dieser sogenannten Fixationspunkte ist maßgeblich für Ihre Lesegeschwindigkeit. Ähnlich wie bei einem Ausdauerläufer sind Sie umso schneller, je konstanter Sie sich über den Text bewegen können, ohne dabei diese kurzen Pausen zu machen, oder sie zumindest auf ein Minimum zu beschränken. Ihre Augen geben Ihnen jedoch Grenzen vor, wie viel Worte Sie maximal wahrnehmen können. Wie Sie diese Grenze ermitteln, habe ich Ihnen weiter oben erklärt.
Im Durchschnitt können Sie bis maximal vier Wörter entgegen der Leserichtung und acht Wörter in Leserichtung, also nach rechts, wahrnehmen. Das bedeutet nicht, dass Sie jedes einzelne Wort scharf lesen können, sondern nur dass Sie, sofern die Wörter bekannt sind, in der Lage

sind, diese in einen sinnvollen Kontext einzubinden. Nutzen Sie Ihre Finger nicht als Hilfsmittel, liest Ihr Auge linear – mehrere Zeilen auf einmal wahrzunehmen ist zwar möglich, Ihr Gehirn kann daraus jedoch keine brauchbaren Daten ermitteln.

11.4 AUGENTRAINING – SO WENIG BEWEGUNG WIE MÖGLICH

Glücklicherweise können Sie Ihre Augen dazu trainieren, weniger Fixationen zu suchen. Üblicherweise werden diese von Ihrem Gehirn festgelegt und entschieden, Sie sind aber mit einfachen Übungen in der Lage, dieses Verhalten neu zu konditionieren. Eine dieser Übungen sieht wie folgt aus: Sie legen eine Karteikarte oder ein Blatt Papier über eine beliebige Textzeile. Nun zeichnen Sie ein Kreuz über das erste Wort. Nun lassen Sie drei bis fünf Wörter, je nach Schwierigkeit des Textes, frei und zeichnen ein zweites Kreuz. Das machen Sie so lange, bis Sie am Ende der Zeile angekommen sind. Wenn Sie nun beginnen zu lesen, konzentrieren Sie sich darauf, dass Ihre Augen lediglich die Wörter unterhalb der Kreuze fixieren während Sie Ihr Blatt Zeile für Zeile nach unten bewegen. Versuchen Sie dabei, dennoch so viel wie möglich vom Text zu verstehen. Eine Fixation sollte nicht länger als eine Sekunde dauern, da Ihr Kurzzeitgedächtnis ansonsten den Zusammenhang zum vorherigen Fixationspunkt verliert.

11.5 GESCHWINDIGKEIT VOR TEXTVERSTÄNDNIS

Diese Überschrift dient natürlich nicht als grundlegende Regel – immerhin geht es beim Speed Reading darum, Ihre Rauding Rate, also das Verhältnis von Geschwindigkeit zu Verständnis, so hoch wie möglich zu bringen. Bevor Sie jedoch verstehen können, müssen Sie die Geschwindigkeit üben, denn auch darauf muss Ihr Gehirn trainiert werden.

Menschen sind in der Hand ihrer Gewohnheiten und so wird sich das Verständnis automatisch einstellen, sobald Ihr Gehirn mit dem zunehmenden Tempo arbeiten kann. Sie können natürlich auch die Michelmann-Methode nutzen und Ihre Lesegeschwindigkeit aus dem Nichts mehr als verdoppeln – allerdings eignen sich diese Übungen nicht für ein Selbststudium. Ich möchte Ihnen eine Übung zeigen, mit deren Hilfe Sie selbst über die Geschwindigkeit bestimmen, gleichzeitig Subvokalisation vermeiden und dennoch das Geschwindigkeitslesen trainieren können.

Sie nehmen sich dazu entweder einen Stift oder Ihren Finger als Hilfsmittel. Während Sie nun über die Zeile wandern, sagen Sie im Kopf leise "Eins-Eins-Tausend". Sie sollten in dem Moment das Ende der Zeile erreicht haben, indem Sie das Wort "Tausend" zu Ende gesprochen haben. Ich empfehle Ihnen, pro Wort etwa eine Sekunde Zeit zu investieren. Wie schnell Sie tatsächlich arbeiten, hängt dennoch von Ihrer ausgehenden Lesegeschwindigkeit ab. Sprich: benötigen Sie aktuell zehn Sekunden pro Zeile, müssen sie nicht sofort auf drei Sekunden verkürzen. Versuchen Sie, die Geschwindigkeit für die Sie sich entschieden haben, für etwa zwei Minuten beizubehalten.

Konzentrieren Sie sich vorwiegend auf diese Geschwindigkeit – es ist nicht schlimm, wenn Sie dabei nicht alles oder gar nichts verstehen. Nun pausieren Sie für eine Minute. Sie können kurz die Augen schließen, tief durchatmen und sich entspannen, immerhin handelt es sich hierbei um eine anstrengende Aufgabe. Anschließend fahren Sie fort, verdoppeln allerdings Ihre ausgewählte Geschwindigkeit. Das heißt, dass Sie über zwei Zeilen fahren, während Sie die Worte "Eins-Eins-Tausend" sagen. Mit jedem Tag, den Sie diese Übung durchführen, werden Sie mehr und mehr vom Text verstehen. Nach Belieben können Sie die Geschwindigkeit natürlich variieren. Durch die gedanklich mitgesprochenen Worte vermeiden Sie es, zu subvokalisieren, da Ihr Sprachzentrum im Gehirn bereits belegt ist und dieses nicht simultan arbeiten kann.

11.6 TECHNIK ALS HILFSMITTEL

Vor allem wenn Sie Zuhause für sich selbst üben, können Ihnen technische Helferlein eine enorme Last abnehmen. Viele Wissenschaftler empfehlen, die Übungen mit einem klassischen Buch oder einer Zeitung durchzuführen. Allerdings weiß ich aus eigener Erfahrung, dass es schwierig ist, die Lesegeschwindigkeit zu messen und nahezu unmöglich, sie alleine mit dem Textverständnis in Relation zu setzen. Gerade bei diesem Punkt müssen Sie bedingungslos ehrlich zu sich selbst sein, auch wenn Sie nach einer Woche Training immer noch keine nennenswerten Erfolge verzeichnen können. Gerade in einer Gesellschaft, die sich durch permanentes Streben und Erfolgsdruck auszeichnet, kann Ihnen das inneren Stress verursachen. Versuchen Sie, sich jederzeit bewusst zu machen, dass ein Lernprozess Zeit braucht und Sie sich alle Ruhe nehmen sollten, die Sie benötigen. Um Ihre Fortschritte zuverlässiger überprüfen zu können, gibt es sogenannte RSVP-Softwares. RSVP ist die Abkürzung für "reading rapid serial visual presentation" oder zu Deutsch "rasche, schnelle, visuelle Präsentation".
Die Software gibt es sowohl für Ihr Smartphone als auch für den Computer und bedient sich letztendlich der gleichen Techniken, die Sie mit einem Buch üben können. Der wesentliche Unterschied besteht darin, dass kein gesamter Text, sondern immer nur einzelne Wörter kurz eingeblendet werden. Die Lesegeschwindigkeit können Sie selbst variabel bestimmen. Benötigen Sie lediglich kurze Zusammenfassungen, eignen sich diese Anwendungen sehr gut – möchten Sie jedoch etwas lernen, zum Genuss lesen oder Ihre Fixationspunkte erweitern, ist sie wenig förderlich.

11.7 DAS ÜBERFLIEGEN EINES TEXTES

Wenn Sie einen Text nicht konkret mit allen Details lesen, sondern sich lediglich einen Überblick verschaffen möchten, bedienen Sie sich der so genannten Skimming-Methode. Zu Deutsch übersetzt bedeutet skimming so viel wie abschöpfen – suchen Sie beispielsweise in einer Zeitung einen bestimmten Artikel oder benötigen Sie lediglich Anhaltspunkte zu Aufbau und Struktur eines Buches, bietet Ihnen diese Technik die optimale Lösung. Gleichzeitig können Sie es als Vorbereitung für das tatsächliche Speed Reading nutzen. Das gründliche Lesen ersetzt diese Technik natürlich nicht, da Ihnen detaillierte Informationen verborgen bleiben.

Sie beginnen diese Methode, indem Sie zuerst alle Überschriften oder das Inhaltsverzeichnis lesen. Unter Umständen haben Sie das Glück, am Anfang ein Verzeichnis zu finden. Ansonsten müssen Sie Seite für Seite durchblättern. Sobald Sie über den groben Aufbau Bescheid wissen, lesen Sie von jedem Kapitel oder Artikel jeweils den ersten und den letzten Abschnitt. Hier ist es wichtig, dass Sie tatsächlich lesen und verstehen müssen – also notieren Sie sich gegebenenfalls Schlüsselbegriffe oder streichen Sie wichtige Wörter oder Wortgruppen an. Sie sparen bereits Zeit, indem Sie den größten Teil des Kapitels gar nicht lesen. Anfang und Ende sind jedoch meist Zusammenfassungen oder Einleitungen des behandelten Themas, sodass Sie diese nachvollziehen können müssen. Sind Sie der Meinung, dass Ihnen noch relevante Informationen fehlen, können Sie dennoch den restlichen Text überfliegen und wichtige Wörter einkreisen oder anderweitig markieren.

Schlüsselwörter folgen meist bestimmten Eigenschaften. Sie sind entweder dick oder kursiv geschrieben, werden wiederholt im Text genutzt oder befinden sich bereits in der Überschrift des jeweiligen Artikels. Auch Fremdwörter können Sie gern unterstreichen, um später deren Sinn zu überprüfen. Sollten innerhalb des Artikels Diagramme oder Bilder enthalten sein, wie es bei Fachbüchern häufig der Fall ist, nehmen Sie sich die Zeit und überprüfen Sie diese eingehend. Meist geben Sie Ihnen den gleichen Aufschluss über die Thematik des jeweiligen Abschnittes wie die folgenden fünf Seiten – Ihr Gehirn kann sich bildliche

Darstellungen jedoch deutlich leichter einprägen als Text. Sollte Ihnen zwischendurch dennoch der Zusammenhang verloren gehen, lesen Sie von dem jeweiligen Absatz die ersten ein bis zwei Sätze.

Diese geben Ihnen meist bereits die Hauptpunkte, die im nachfolgenden Text behandelt werden. Haben Sie sich durch den gesamten Text gearbeitet, können Sie mithilfe Ihrer gesetzten Markierungen eine Zusammenfassung ermitteln. Sollten die einzelnen Wörter nicht ausreichen, um eine Vorstellung zum Inhalt zu bekommen, lesen Sie noch einige Sätze drum herum und kreisen Sie gegebenenfalls weitere Wörter ein.

11.8 MESSUNG DER LESEGESCHWINDIGKEIT

Ich hatte Ihnen ja bereits erklärt, dass Sie vor allem im Selbststudium eine große Herausforderung darin haben werden, Ihre Fortschritte und Ihren aktuellen Stand messbar zu bewerten. Gerade um mit einem gewissen, jedoch gesunden, Ehrgeiz an diese Aufgabe heranzutreten, können Vergleichswerte unwahrscheinlich hilfreich sein. Bei jeder Diät spornt der Blick auf die Waage und die Tatsache, dass die Kilos endlich purzeln unwahrscheinlich an – ähnlich verhält es sich auch hier. Das Leseverständnis zu messen ist erheblich komplizierter und von vielen persönlichen Befindlichkeiten und Sichtweisen abhängig. Für die reine Geschwindigkeit gibt es jedoch eine Möglichkeit, die Sie täglich auch Zuhause anwenden können.

Zuerst zählen Sie die Wörter der Seite, die Sie im Begriff sind zu lesen. Der Einfachheit halber können Sie auch nur eine Zeile zählen und diese mit den gesamten Zeilen der Seite multiplizieren. Der Wert wird nicht exakt sein, spart Ihnen jedoch unwahrscheinlich viel Zeit ein und die Logik geht auf, wenn Sie für alle nachfolgenden Schritte den gleichen Wert nutzen. Anschließend nehmen Sie sich eine Stoppuhr oder Ihr Handy und stellen eine Zeit von zehn Minuten ein. Nach Ablauf der Zeit ermitteln Sie die Anzahl der gelesenen Wörter und teilen das Ergebnis durch zehn – somit erhalten Sie einen guten Mittelwert Ihrer gelesenen Wörter pro Minute, da Sie innerhalb dieser Zeit sowohl einfache als auch schwierige Textpassagen überbrücken müssen. Selbstverständlich gibt es im Internet viele Tests zum Thema Speed Reading. Allerdings lesen Sie auf einem Computer immer anders, als wenn Sie ein Buch vor sich liegen haben.

11.9 SETZEN SIE SICH ERREICHBARE ZIELE

Egal ob es darum geht Techniken wie Speed Reading zu beherrschen, einen neuen Sport zu probieren, einer Beförderung zuzustimmen oder an Kochkursen teilzunehmen – in den seltensten Fällen gehen Sie neue Aufgaben an, weil Sie gerade sonst nichts besseres zu tun haben. Sie verfolgen ein Ziel. Das kann Zeitersparnis sein, mehr Geld zu verdienen, an sich selbst zu arbeiten oder jemandem eine Freude zu machen – die Liste ist nahezu unendlich lang. Während jeder neuen Sache, die wir lernen, sind Zwischenziele hilfreiche kleine Meilensteine, um uns fortwährend zu motivieren und anzutreiben. Auch beim Erlernen von Geschwindigkeitslesen sind diese Ziele notwendig, damit Sie nicht auf halber Strecke schlapp machen. Sie müssen immer an sich selbst glauben und niemals vergessen, warum Sie das alles machen. Da es sich hier um eine wissenschaftliche Methode handelt, möchte ich Ihnen ein paar Zahlen mit auf den Weg geben, an denen Sie sich bei Ihrer Zielsetzung orientieren können:

Ein durchschnittlicher, etwas geübter Leser schafft pro Minute zwischen 200 und 250 Wörtern. Das mag erst mal wenig klingen, bedeutet aber immer noch, dass Sie pro Sekunde drei bis vier Wörter verinnerlichen können. Menschen, die viel lesen, wie beispielsweise Studenten, liegen im Schnitt bei 300 Wörtern. Müssen diese Personen einen Text nur überfliegen, beschleunigen sie ihre Geschwindigkeit auf bis zu 450

Wörter. Im Idealfall sind Sie nach einiger Übung sogar in der Lage, bei dieser Geschwindigkeit einen Großteil vom Text zu verstehen und abzuspeichern.

Die meisten geübten Geschwindigkeitsleser bewegen sich am Ende mit einer Geschwindigkeit von 600 bis 700 Wörtern pro Minute durch einen Text, können dabei aber ein dreiviertel des Inhalts auch tatsächlich nachvollziehen. Unbewusst wird diese Geschwindigkeit meist auch schon erreicht, wenn Sie innerhalb eines Textes einen bestimmten Begriff suchen. Ein Tempo von über 1.000 Wörtern pro Minute ist nur mit bestimmten Techniken möglich und bewegt sich bereits im wettbewerbsfähigen Bereich. Es gibt nur wenige Ausnahmen, die bei dieser Art des Überfliegens noch in der Lage sind auch nur mehr als die Hälfte des Textes nachzuvollziehen.

Setzen Sie sich Ihre Ziele bewusst und lieber in kleinen Schritten, als sofort nach den Sternen greifen zu wollen. Bei allem Enthusiasmus müssen Sie dennoch realistisch bleiben, nur so wird Ihnen auch Erfolg garantiert bleiben.

12. Vorteile

Den größten aller Vorteile haben Sie beim Thema Zeit. Möchten Sie Speed Reading aus beruflichen Gründen lernen, kommen automatisch finanzielle Aspekte ins Spiel. Angenommen Sie haben einen Beruf, bei dem Sie den ganzen Tag am Schreibtisch verbringen und lesen bei 20 Arbeitstagen im Monat jeweils täglich drei Stunden pro Tag. Gelingt Ihnen durch die Techniken des Speed Reading eine Verdopplung Ihrer effektiven Leserate, sparen Sie nur durch Effektivität bis zu dreißig Stunden pro Monat ein. Rechnen Sie mit acht Arbeitsstunden pro Tag, sprechen wir von bis zu 45 Arbeitstagen – also mehr als einen ganzen Monat, den Sie mit anderen Dingen verbringen können. Vor allem, wenn Sie bereits vorher ermittelt haben, um welches Thema es sich handelt, beziehungsweise zu welchem Zweck Sie den Text lesen, helfen Ihnen Schnelllesetechniken zuverlässig, um kurzfristig Antworten zu finden.

Die meisten Methoden arbeiten damit, dass Sie sich vor der Lektüre mit Schlüsselwörtern vertraut machen. Sollen Sie also einen Bericht zur aktuellen Börsensituation auswerten, werden Sie nach Schlüsselwörtern wie DAX, Gewinn und Verlust, Aktie, Risikohinweis oder Ähnlichem suchen. Sie haben Ihr Hirn bereits so strukturiert, dass es gezielt nach eben diesen Wörtern Ausschau hält und erhalten so deutlich schneller alle Informationen die Sie benötigen, als vergleichbare Personen, die sich erst mühsam durch den gesamten Text arbeiten müssen. Außerdem mindert das Ihren Lern- und Arbeitsdruck, da Sie ja plötzlich viel mehr Zeit für die Erledigung Ihrer Aufgaben haben und so gegebenenfalls nachkontrollieren und -korrigieren können. Der Mensch entnimmt den größten Teil seiner Informationen aus Textdokumenten.

In der Flut von Informationen, die Sie täglich durch digitale und Printmedien erreichen, bleibt Ihnen also entweder nur die Wahl die

Dinge zu filtern und eine Relevanz zu bestimmen, oder mittels Speed Reading mehr Informationen in der gleichen Zeit zu erhalten. Sie vermeiden also gleichzeitig, dass Ihnen Dinge entgehen, weil Sie andernfalls einfach nicht die Zeit hätten, sie zu lesen. Sie haben durch diese Techniken auch die Möglichkeit, ein Sachbuch beispielsweise einfach zweimal zu lesen und es generell intensiver zu bearbeiten. Ich hatte Ihnen ja erklärt, dass Regression nicht zwangsläufig zum Verständnis beitragen muss. Die Wiederholung durch das doppelte Lesen kann hingegen durchaus hilfreich sein, damit Sie sich mehr merken oder beispielsweise Schlüsselwörter markieren können.

Gerade weil Speed Reading so anspruchsvoll ist, erfordert es größere Mengen an Konzentration. Indem Sie mit Ihren neu gewonnenen Fertigkeiten lesen, vermeiden Sie es dementsprechend, gedanklich abzuschweifen und sich im Endeffekt nichts aus dem bearbeiteten Thema einprägen zu können, da Sie im Kopf ganz woanders waren. Diese Konzentration sorgt ebenfalls dafür, dass Sie die Informationen die Sie erhalten schneller und zuverlässiger selektieren. Da Sie gezielt Fixationspunkte aus Schlüsselwörtern auswählen, verlieren Sie sich nicht in unwichtigen Details. In den meisten Fällen reichen die Kerninformationen eines Textes aus, um Ihnen alle nötigen Daten zu vermitteln. Ein auf Geschwindigkeitslesen trainiertes Gehirn ist in der Lage, alles außerhalb dieses Kerngedankens auszublenden. Die meisten Menschen üben sich in den Techniken des Speed Reading, da Sie mit ihren aktuellen Fertigkeiten unter Zeitdruck stehen. Auch Druck kann sich negativ auf die Konzentration auswirken. Da sich die Technik jedoch nur darauf konzentriert Kerninformationen zu ermitteln, können Sie diese in erheblich schnellerer Zeit abarbeiten. Vorgegebene Aufgaben erledigt zu haben reduziert Ihr Stresslevel.

Wenn Sie nach einiger Zeit in Ihren Techniken geübt und routiniert sind, wird Ihnen das Speed Reading zunehmend leichter fallen. Lesen ist, egal in welcher Version, anstrengend für Kopf und Augen. Auch wenn man es nicht glauben mag, ist Speed Reading für geübte Leser dennoch die am wenigsten anstrengende Methode. Zum Einen benötigen Sie für die gleiche Menge an Informationen lediglich die Hälfte der Zeit und zum Zweiten hat Ihr Gehirn nicht die Möglichkeit abzuschweifen. Sich mit zehn Dingen gleichzeitig gedanklich zu befassen ist deutlich ermüdender, als sich auf eine Sache nach der anderen zu konzentrieren.

Speed Reading bietet Ihnen eine Alternative und Ergänzungen zu Ihren bisherigen Kenntnissen im Bereich Lesen. Wie ich bereits erwähnte, ersetzt es das normale Lesen nicht, sondern vermittelt Ihnen lediglich neue Optionen, gerade wenn Sie beruflich viel mit Texten zu tun haben oder einen Fachartikel bearbeiten müssen. Im Endeffekt verhält es sich ähnlich wie mit Sportlern. Ich habe beispielsweise jahrelang Schwimmen als Hochleistungssport betrieben – nur weil ich die Techniken beherrsche und in der Lage bin ohne Weiteres hundert Meter im Wasser als Sprint zu absolvieren, heißt das deshalb nicht, dass ich verlernt habe, entspannt über einen See zu paddeln. Wenn es jedoch nötig ist, kann ich jederzeit meine Geschwindigkeit erhöhen. Auch wenn Sie während des Lernprozesses Fehler machen, verlieren Sie nicht die Möglichkeit, diese zu revidieren und von vorn zu beginnen. Gleichzeitig werden Sie, auch wenn Sie irgendwann Experte sind, dennoch abends in Ruhe ein Buch lesen können. Die Entscheidung welche Geschwindigkeit Sie für sich wählen, liegt immer ganz bei Ihnen.

13. Kritiken an Speed Reading

Vor allem Akademiker üben häufig Kritik am Speed Reading aus. Gerade an Universitäten gibt es oft akademische Lesetests, bei denen Geschwindigkeitsleser jedoch im Schnitt eher schlecht abschneiden. Das liegt unter anderem daran, dass sie keine Möglichkeit haben den Text noch einmal zu lesen und für sich zu interpretieren. Das Problem an diesen Tests liegt darin, dass sie nicht einbeziehen, dass jeder Mensch ein eigenes Leseverständnis beziehungsweise eigene Lesebedürfnisse hat. Sie sind universell zugeschnitten, um auf die breite Masse angewendet werden zu können – als Speed Reader gehören Sie jedoch nicht zur breiten Masse, sondern zu einer Gruppe von Menschen mit besonderen Fertigkeiten.

Gleichzeitig existieren in der heutigen Zeit verschiedene Kurse, bei denen man das Geschwindigkeitslesen erlernen kann. Hier entscheidet die Qualität – hochwertige Kurse lehren Sie nicht nur die Techniken, sondern trainieren anschließend mit Ihnen erneut die Grundlagen des Lesens an sich. Es handelt sich beim Schnelllesen um eine komplexe Technik, die kognitives Umdenken erfordert und es kann zu Misserfolgen führen, diese ausschließlich auf das Bekannte aufzubauen, anstatt sein Wissen darauf anzupassen und dementsprechend umzustrukturieren. Ihre bisher bekannten Gewohnheiten werden Ihnen nicht helfen, wenn Sie sich auf Speed Reading spezialisieren möchten. Sie sind auch dann natürlich in der Lage, schneller zu lesen als bisher – das bezieht sich jedoch überwiegend auf bekannte Texte und Themen. In einem neuen Gebiet werden Sie Mühe haben, das Gelesene auch zu verarbeiten und abzuspeichern. Gerade beim Verständnis neuer Themengebiete ist es enorm wichtig, Schlüsselpassagen mehrfach zu lesen, um sie tatsächlich zu verinnerlichen – für Sie als Schnellleser bedeutet das zeitlich keinen Mehraufwand, bringt Ihnen jedoch den enormen Vorteil, dass Sie am Ende auch wirklich wissen worum es geht. Die meisten Menschen erlernen Speed Reading in der Annahme, dass das reine Wissen über Informationen ihnen automatisch einen Vorteil verspricht. Wissen und Verstehen sind jedoch zwei grundlegend verschiedene Dinge. Ich weiß beispielsweise auch, dass es mehrere Hundert Sprachen auf der Welt gibt und aus welchen Ursprüngen sie stammen – also romanische Sprachen, slawische Sprachen und so weiter – das heißt aber nicht, dass ich sie dadurch auch alle verstehe. Die Sprachwissenschaft lehrt zum Beispiel allgemeingültige Regeln, anhand derer Sie in der Lage sind die Grammatik jeder Sprache zu entschlüsseln. Dadurch können Sie die Sprache aber nicht sprechen, Sie wissen nur, wie sie aufgebaut ist.

Während ein Geschwindigkeitsleser einen Text liest, weiß er meist sehr genau, worum es geht und kann im direkten Anschluss auch alle wichtigen Bereiche problemlos wiedergeben. Fragt man ihn jedoch eine Stunde oder einen Tag später, tritt häufig etwas auf, dass sich Konfabulation oder falsches Gedächtnissyndrom nennt. Das liegt daran, dass Sie während des Speed Readings in unwahrscheinlich kurzer Zeit eine verhältnismäßig große Menge an Informationen aufnehmen. Da Sie diese nicht mehr mitsprechen, verbinden Sie sie mit Bildern oder Emotionen – und diese können mit anderen Informationen oder Erinnerungen vermischt werden, sobald eine gewisse Zeit zwischen dem Lesen des Textes und der Wiedergabe oder Reflexion der gewonnenen Erkenntnisse liegt. Gedächtnislücken werden automatisch mit Erinnerungen gefüllt – Ihr Hirn macht keinen Unterschied, ob diese Erinnerungen zu dem jeweiligen Thema gehören oder ihm lediglich geähnelt haben. Dadurch können solche Informationen verfälscht werden. Sie haben also immer die Wahl, die Informationen entweder sofort wiederzugeben oder Ihr Gehirn nicht mit Daten zu überlasten. Dann entstehen auch keine Lücken und die Infos bleiben wahrheitsgetreu.

14. Legenden und Halbwahrheiten zum Speed Reading

Beim Speed Reading handelt es sich um ein sehr kontroverses Thema. Im Vergleich zum normalen Lesen ist es nahezu gar nicht erforscht, dementsprechend reihen sich jede Menge Theorien zu verschiedenen Bereichen dieses umfassenden Systems. Trotz allgemeingültiger Regeln, die von den meisten Wissenschaftlern, Psychologen und Pädagogen anerkannt sind, gibt es diverse Kontroversen, Relativierungen und Ausnahmeregelungen. Um Ihnen einen besseren Aufschluss zu geben und jede Seite neutral beleuchten zu können, möchte ich Ihnen die am häufigsten genannten Diskussionspunkte kurz erläutern.

14.1 REGRESSION VERMEIDEN

Ein normaler Leser liest etwa 10 bis 15 Prozent der Zeit entgegen der Leserichtung, führt also die so genannte Regression durch. Wie ich Ihnen bereits erklärt hatte, geschieht das nahezu automatisch, sobald wir der Meinung sind eine bestimmte Sache nicht verstanden zu haben – in diesem Fall suchen wir die Antwort in vorherigen Textpassagen. Eine reine Vermeidung der Regression würde Ihre Lesegeschwindigkeit also um 10 bis 15 Prozent, sprich um 20 bis 36 Wörter pro Minute beschleunigen. Beim optischen Schnelllesen, also der Expertenvariante, ist Regression durch die durchgeführten Fingerschwünge ohne Relevanz. Wenn Sie diese Technik beherrschen, sind Ihre Augen bereits darauf trainiert, sich ausschließlich auf Ihren Schrittmacher zu konzentrieren und nicht zwischen den Zeilen lesen zu wollen. Bei jeder anderen Form des Lesens gibt es neben den Kritikern der Regression auch diejenigen, die zumindest teilweise der Meinung sind, dass Sie für das Verständnis unvermeidbar ist. Verzichtet man darauf, arbeitet man zwar zugunsten der Geschwindigkeit, aber zulasten der Nachvollziehbarkeit und rutscht so vom normalen Lesen oder vom optischen Zeilenlesen bereits in das tatsächliche Speed Reading beziehungsweise in das Lesemanagement, das Ihnen lediglich einen Überblick verschaffen soll – jedoch ohne ausreichende Kenntnisse zur Technik. Gleichzeitig sehen die meisten zwar den Mangel an Verständnis als Ursache der meisten Regressionen, Sie müssen sich jedoch auch immer die Frage stellen, woher dieser Mangel rührt. Haben Sie das Thema tatsächlich nicht verstanden oder sind Sie beispielsweise nur zu müde und daher nicht konzentriert genug? Unter Umständen waren Sie auch zu motiviert und haben schneller gelesen, als es Ihr Gehirn zum aktuellen Zeitpunkt verarbeiten kann. Wenn Ihnen also auffällt, dass Sie Abschnitte vermehrt doppelt lesen, versuchen Sie die Ursache zu ergründen. Die Regression ist lediglich das Symptom. Schlussendlich verhält es sich wie mit den meisten Menschen, die wegen Kopfschmerzen eine Tablette nehmen – die Schmerzen verschwinden zwar, allerdings bekämpft das nicht die Ursache, sondern nur das Symptom. Um final schmerzfrei sein zu können, müssen Sie herausfinden, woher die Kopfschmerzen kommen.

Grundlegend ist es absolut stimmig, dass durch die reine Vermeidung von Regressionen unwahrscheinlich viel Zeit eingespart werden kann. Da es jedoch auch um die Relation zwischen Zeit und Verständnis geht, sollten Sie sich immer genau überlegen, warum Sie etwas erneut lesen möchten und inwieweit das für Ihre Nachvollziehbarkeit notwendig ist.

14.2 SUBVOKALISATION VERMEIDEN

Wie Sie bereits gelernt haben, gehört subvokalisieren zu den grundlegenden Elementen, mit denen Sie als Kind lernen, wie lesen funktioniert.

Beim optischen Schnelllesen ist es tatsächlich notwendig, sich diese Eigenschaft abzutrainieren – einfach bedingt dadurch, dass Ihr Sprachzentrum nicht so schnell arbeitet wie die visuelle Vorstellung. Das funktioniert jedoch nicht von heute auf morgen, immerhin haben Sie jahrelang mit dieser Technik gelesen. Bei allen abgeschwächteren Varianten wird davon ausgegangen, dass Sie nach wie vor subvokalisieren, diesen Vorgang jedoch beschleunigen oder sich auf die Schlüsselbegriffe spezialisieren. Dahinter kann sich jedoch auch eine Gefahr für Ihr Verständnis bergen. Indem Sie beispielsweise aus reinem Reflex versehentlich die "falschen" Wörter leise mitsprechen, können Sie Ihr gesamtes Verständnis des Textes verzerren, da Ihr Gehirn sich unweigerlich vorwiegend auf diese Begriffe konzentriert. Sie können die Wichtigkeit eines Wortes erst dann definieren, wenn Sie es wirklich verstanden haben.

Solange Sie Subvokalisation mit der bildlichen Vorstellung verbinden, ohne von Letzterem eine tatsächliche Kenntnis zu haben, werden Sie immer nur diejenigen Begriffe verstehen, die Sie mitgesprochen haben. Erscheint Ihnen dieses Wort jedoch im Nachhinein als irrelevant, können Sie die Subvokalisation nicht rückgängig machen – Ihr Gehirn hat den Begriff nun bereits abgespeichert. Leider ist es nicht möglich, innerhalb von Sekunden zwischen Sprachzentrum und bildlicher Vorstellung hin und her zu schalten, jedenfalls nicht dauerhaft im Wechsel. Der Versuch würde zum vollständigen Verlust des Verständnisses führen, da Ihr Gehirn viel zu sehr mit dem Hin und Her beschäftigt wäre, als dass es sich noch auf den zu lesenden Text konzentrieren könnte.

Sofern Sie also Schnelllesen in einer abgeschwächten Form erlernen wollen und nicht in der Lage sind, das leise Mitsprechen vollständig zu vermeiden, können Sie stattdessen lernen, es so weit wie möglich zu beschleunigen. Eine Aufteilung zwischen beide Techniken funktioniert leider nicht.

14.3 GLEICHZEITIGE FIXATION MEHRERER WÖRTER

Erfahrene optische Schnellleser berichten häufig davon, dass sie die Wörter nicht als Einzelnes, sondern als Sinneseindruck oder in Wortgruppen wahrnehmen. Um Zeit zu sparen, kann es sehr effektiv sein, die Wörter nicht einzeln, sondern in einem Zusammenhang zu betrachten. Da es nicht möglich ist, die Dauer Ihrer Fixationen zu verkürzen – Ihr Gehirn gibt nun einmal vor, wie lange Sie benötigen, um Daten zu speichern, macht es natürlich einen Unterschied, ob Sie alle drei Worte oder erst nach sechs Wörtern eine erneute Fixation benötigen. Ähnlich wie beim Unterdrücken der Regression handelt es sich jedoch auch hier vorwiegend um das Symptom, nicht um die Ursache. Sie können davon ausgehen, dass Sie um Ihre Lesegeschwindigkeit zu beschleunigen, ab einem gewissen Punkt automatisch in Wort- oder Sinngruppen denken oder optional Ihr inneres Mitsprechen so weit beschleunigt haben, dass Ihre Augen das Tempo erhöhen konnten. Solange Ihr Gehirn die Daten nicht abspeichern kann, bringt es Ihnen nichts, sich schneller durch den Text zu arbeiten. Dann lernen Sie Geschwindigkeit, jedoch kein Verständnis.

Im Jahr 2010 gab es zu diesem Thema unter anderem eine Untersuchung des Psychologen Ralph Radach. Mittels einer Testgruppe und einer Kontrollgruppe untersuchte er die Wirksamkeit des Lesens in Wortgruppen, indem er in einem Text gezielt einzelne Gruppen als eine Art Schachbrettmuster farbig kennzeichnete. Die Kontrollgruppe las den Text ohne derartige Kennzeichnungen. Trotz dieses Hilfsmittels waren beide Gruppen annähernd gleich schnell und konnten ähnliches Verständnis erlangen. Wissenschaftlich gesehen existiert also bis heute kein Nachweis, dass das Lesen in Wortgruppen direkten Einfluss auf die Lesegeschwindigkeit hat.

Sinnesgruppen beinhalten die Schwierigkeit, dass Sie in diesem Fall keine nebeneinanderliegenden, sondern Wörter die semantisch miteinander im Zusammenhang stehen, gedanklich miteinander verbinden. Gleichzeitig kann man diese Gruppen nur bilden, nachdem man die Wörter gelesen und verstanden hat – andernfalls würde sich der Sinn gar nicht erschließen. Beim optischen Schnelllesen werden Sie automatisch Wortgruppen bilden. Es ist jedoch nicht wissenschaftlich fundiert, ob eine gezielte Bildung tatsächlich Einfluss auf die Lesegeschwindigkeit hat.

14.4 ZAHLENSUCHBILD

Das sogenannte Zahlensuchbild ist eine Möglichkeit, das flächige Sehen zu trainieren. Dabei geht man immer im Zick-Zack-Muster von links oben, etwas weiter nach rechts unten, dann wieder etwas weiter nach rechts und hoch bis man am Ende der Seitenbreite angelangt ist, um sich anschließend entgegengesetzt zurückzubewegen. Dabei nutzen Sie, je nach Kenntnisstand, zwischen drei bis zu zehn Zeilen auf einmal. Da Sie bei dieser Technik vorwärts und rückwärts lesen, hilft Sie Ihnen vorwiegend, sich einen Überblick zu verschaffen. Diese Übung wird auch gern mithilfe einer Folie angewandt, sodass Sie darauf die Zahlen und dazwischen Verbindungslinien erstellen. Jedoch besteht die Gefahr, dass Sie durch die Linien den Text gar nicht mehr wahrnehmen, beziehungsweise ohne die Linien zu viel Zeit aufwenden, die nachfolgende Zahl zu finden. Um die reine Bewegung der Augen hinsichtlich des optischen Schnelllesens und ohne Verständnis zu trainieren, kann Ihnen diese Übung dennoch nützlich sein.

14.5 DAS VERSTÄNDNIS BEWEGT SICH GLEICHFÖRMIG ZUR LESEGESCHWINDIGKEIT

Dieser Kerngedanke besteht bereits, seitdem sich Evelyn Woods in den 50er Jahren mit Speed Reading beschäftigt hat. Sie arbeitete damals unter anderem an einer amerikanischen High School und betreute dort Schülerinnen, die im Lesen sehr schlecht waren. Durch Aspekte des Geschwindigkeitslesens verbesserte sie deren Leistungen und kam so zu der Ansicht, dass schneller lesen mit besser lesen gleichzusetzen ist. Das Problem an dieser Aussage ist jedoch, dass eine Art Wechselwirkung zwischen Geschwindigkeit und Verständnis besteht.

Ihr damaliges Projekt der Leseförderung wurde selbstverständlich von Lesegeschwindigkeit und Leseverständnis positiv beeinflusst. Wenn ich Ihnen aber jetzt vorschlage, die folgenden zehn Seiten doppelt so schnell zu lesen werden Sie vermutlich deutlich weniger verstehen, als wenn Sie Ihr gewohntes Lesetempo beibehalten. Die Wechselwirkung bleibt vorhanden, eine zu hohe Geschwindigkeit wird Ihr Verständnis jedoch negativ beeinflussen – genauso wie der Wunsch, alles nahtlos zu verstehen sich negativ auf die Geschwindigkeit auswirkt. Um schneller lesen zu lernen, müssen Sie zumindest für eine gewisse Zeit auf die Nachvollziehbarkeit verzichten. Wie ich Ihnen erklärt habe, müssen Sie Ihr Gehirn erst an das Tempo gewöhnen, bevor Sie mit dem Verständnis beginnen.

Wie schnell Sie am Ende lesen, ist von vielen Faktoren abhängig. Ein Text, der ausschließlich aus kurzen Wörtern besteht, kann auch langsamer analysiert werden, als ein Abschnitt voller Schachtelsätze. Hier riskieren Sie, sich in den langen Details und Aufzählungen zu verlieren und den Anfang des Satzes bereits vergessen zu haben, bevor Sie am Ende angelangt sind. Im Sinne von Woods Theorie erfüllt die Aussage seinen Sinn, da es sich bei ihren Untersuchungen um Schüler mit Lesestörungen handelte.

Grundlegend werden Sie selten mit der gleichen konstanten Geschwindigkeit über einen Text fliegen können, jedenfalls nicht, sofern Sie auch etwas davon verstehen möchten. Es erfordert Übung und eine Anpassung an den jeweiligen Aufbau und den Schwierigkeitsgrad.

14.6 TEMPOGEBER

Viele Ratgeber empfehlen, am Anfang einen Tempogeber oder auch Pacer zu nutzen, um sich so schnell wie möglich durch einen Text zu arbeiten. Hierbei handelt es sich beispielsweise um einen Stift, den Sie anstelle Ihres Fingers über den Text wandern lassen. Das soll unter anderem vermeiden, dass Sie beispielsweise mit der Nase auf dem Buch kleben. Gleichzeitig sollen Sie damit üben, wie Sie in späteren Übungen die Fingerschwünge richtig ausführen. Für Techniken wie das optische Zeilenlesen ist das jedoch gänzlich ungeeignet, da Ihre Augen die Bewegungen automatisch ausführen und keinerlei Hilfsmittel benötigen. In Anbetracht auf das rein optische Schnelllesen kann es Ihnen ebenfalls Steine in den Weg legen. Ich erinnere mich noch daran, wie ich in der Grundschule Englisch lernen sollte. Zu Anfang haben wir die Worte so aufgeschrieben, wie sie gesprochen wurden. Als ich mein Heft Zuhause meiner Mutter zeigte, wusste sie nicht, was sie damit anfangen soll – bis ich es ihr vorgelesen habe. Als wir alle in der Lage waren, bestimmte Worte auszusprechen, wurde uns urplötzlich erklärt, dass wir nun das Aufschreiben von Neuem lernen müssten.

Wir hatten also unser Gehirn auf eine Sache trainiert, die völlig falsch war. Ähnlich verhält es sich auch hier – an sich ist es sinnlos, eine Übung erst mithilfe eines Tempogebers zu erlernen, um anschließend alles was Sie an Erfahrungen sammeln konnten wieder zu vergessen und von vorn zu beginnen. Nutzen Sie stattdessen lieber eine der zahlreichen anderen Übungen, die ich Ihnen erklärt habe. Ihr Finger dient Ihnen nicht als Tempogeber, sondern als Hilfslinie für die Augen. Ein Stift wird dieser Aufgabe nicht gerecht.

15. Fazit

Speed Reading ist ein sich fortlaufend weiterentwickelnder Prozess. Unter dem Aspekt, dass es nach wie vor sehr wenig erforscht ist, finden sich immer wieder neue Studien und Erkenntnisse, die das Für und Wider der einen oder anderen Technik belegen und sie weiter ausbauen. Bis heute sind sich die verschiedenen Experten nicht einig, was richtig ist und was nicht. Grundlegend gibt es keinen universellen Lösungsweg, mit dem Sie in der Lage sind aus dem Nichts 10.000 Wörter in der Minute lesen zu können. Ihr Ausgangspunkt, die Aktivität Ihres Gehirns und Ihre Fähigkeit, gewonnene Informationen aufzunehmen und zu verarbeiten, spielen eine zu große Rolle dabei und sind bei jedem Menschen unterschiedlich stark ausgeprägt. Dennoch werden Sie mit einfachen Grundlagen, wie dem Vermeiden der Subvokalisation, bereits erste Erfolge erzielen können. Ich bin davon überzeugt, dass Sie wenigstens in der Lage sind, doppelt so schnell zu lesen. Nutzen Sie die bisher ungenutzten Möglichkeiten und schöpfen Sie Ihr Potenzial aus, um nachweislich Zeit zu sparen und sich den schönen Dingen des Lebens widmen zu können.

16. Quellenverzeichnis

https://speedreading-lernen.com/
https://www.speedreading.de/
https://www.zeit.de/karriere/beruf/2012-06/schnell-lesen-selbsttest
https://www.studienstrategie.de/lesen/schneller-lesen/
http://www.rhetorik.ch/Schnelllesen/Schnelllesen.html
http://www.schnell-leser.de/
https://de.wikipedia.org/wiki/Lesen
https://en.wikipedia.org/wiki/Vision_span
https://en.wikibooks.org/wiki/Speed_Reading
https://www.lerntipp.com/lernen-lernen/visuelles-denken-und-fotografisches-gedaechtnis-entwickeln/
https://en.wikipedia.org/wiki/Speed_reading
http://www.grundlagen-des-schnell-lesens.de/Grundlagen_des_Schnell-Lesens_Roesler_2016_Leseprobe.pdf
http://www.schnell-leser.de/Schnelllesen_23.10.2007.pdf
https://de.wikipedia.org/wiki/SQ3R-Methode
https://en.wikibooks.org/wiki/Speed_Reading#%22Natural%22_speed_readers
https://www.brighthubeducation.com/study-and-learning-tips/42510-tips-for-learning-and-using-speed-reading/
https://www.rationell-lesen.de/funktionsweise/schnelllesetechniken/slalom-lesen
https://wpgs.de/fachtexte/wirtschaftspsychologie/manipulation/
https://de.wikihow.com/Speed-Reading-erlernen
https://www.allgemeinepsychologie.uni-wuppertal.de/fileadmin/psychologie/allgemeinepsychologie/Artikel/Artikel_Radach/Radach_et_al._speed_reading_OUTPUT_2016.pdf
https://karrierebibel.de/schneller-lesen/
https://www.studienstrategie.de/zeitmanagement/deadlines-zeitdruck/
https://www.praxis-foerderdiagnostik.de/warum-150wpm/
https://www.improved-reading.de/schneller-lesen-lernen-anleitung-zum-effizienten-lesen/

Wir danken Ihnen für Ihr Interesse und Ihr Vertrauen. Als Dankeschön dafür, haben wir eine besondere Überraschung. Sie wollen erfolgreicher sein und nicht länger im Schatten anderer stehen? Probieren Sie unsere 21-Tage-ErfolgsChallenge aus. Das Beste: Sie erhalten diese vollkommen kostenlos. Das klingt wunderbar? Dann warten Sie nicht lange und holen Sie sich Ihr Gratis-Geschenk.

Hier geht es zu Ihrem Gratis-Geschenk:

https://forms.gle/E1Np37GmgeqHET7R7

1. **Öffnen Sie die Kamera-App auf Ihrem Smartphone und richten Sie die Kamera auf den QR-Code.**
2. **Klicken Sie auf den Link, der Ihnen angezeigt wird und schon werden Sie zur Website weitergeleitet.**

Impressum

Herausgeber: Orbita Media Verlag GmbH & Co. KG / Ericusspitze 4 / 20457 Hamburg
Kontakt: kontakt@empireofbooks.de
Website: https://empireofbooks.de
Coverbild: Shutterstock

Haftungsausschluss:
Die Nutzung dieses Buches und die Umsetzung der enthaltenen Informationen, Anleitungen und Strategien erfolgt auf eigenes Risiko. Der Autor kann für etwaige Schäden jeglicher Art aus keinem Rechtsgrund eine Haftung übernehmen. Haftungsansprüche gegen den Autor für Schäden materieller oder ideeller Art, die durch die Nutzung oder Nichtnutzung der Informationen bzw. durch die Nutzung fehlerhafter und/oder unvollständiger Informationen verursacht wurden, sind grundsätzlich ausgeschlossen. Rechts- und Schadenersatzansprüche sind daher ausgeschlossen. Dieses Werk wurde sorgfältig erarbeitet und niedergeschrieben. Der Autor übernimmt jedoch keinerlei Gewähr für die Aktualität, Vollständigkeit und Qualität der Informationen. Druckfehler und Falschinformationen können nicht vollständig ausgeschlossen werden. Es kann keine juristische Verantwortung sowie Haftung in irgendeiner Form für fehlerhafte Angaben vom Autor übernommen werden. Die bereitgestellten Analysen, Vorschläge, Ideen, Meinungen, Kommentare und Texte sind ausschließlich zur Information bestimmt und können ein individuelles Beratungsgespräch nicht ersetzen. Alle Informationen dieses Buches entsprechen dem Kenntnisstand zum Zeitpunkt des Verfassens dieses Buches. Eine Haftung für mittelbare und unmittelbare Folgen aus den Informationen dieses Buches ist somit ausgeschlossen.
Informieren Sie sich weitläufig aus unterschiedlichen Quellen und bedenken Sie, dass am Ende nur Sie für die Entscheidungen verantwortlich sind.

Haftung für externe Links:
Unser Angebot enthält Links zu externen Websites Dritter, auf deren Inhalte wir keinen Einfluss haben. Deshalb können wir für diese fremden Inhalte auch keine Gewähr übernehmen. Für die Inhalte der verlinkten Seiten ist stets der jeweilige Anbieter oder Betreiber der Seiten verantwortlich. Die verlinkten Seiten wurden zum Zeitpunkt der Verlinkung auf mögliche Rechtsverstöße überprüft. Rechtswidrige Inhalte waren zum Zeit-punkt der Verlinkung nicht erkennbar.